Eva Hortenbach

DIE LITERARISCHE UND FILMISCHE VERARBEITUNG VON RESISTENZA-ERFAHRUNGEN

Der italienische Widerstand in Werken von Vittorini, Calvino, Pavese und Cassola und in Filmen von Rossellini und Comencini

ibidem-Verlag
Stuttgart

Bibliografische Information Der Deutschen Bibliothek

Die Deutsche Bibliothek verzeichnet diese Publikation in der Deutschen Nationalbibliografie; detaillierte bibliografische Daten sind im Internet über <http://dnb.ddb.de> abrufbar.

∞

Gedruckt auf alterungsbeständigem, säurefreien Papier
Printed on acid-free paper

ISBN: 3-89821-343-9

Printed in Germany

INHALT

1. Einleitung

Der Widerstandskampf in Italien gegen die faschistischen Herrscher und die nationalsozialistische Besatzung hat Geschichte geschrieben. Die zwanzigmonatige Resistenza auf italienischem Boden ist zum Mythos geworden. So häufig sie in historischen Abhandlungen thematisiert wurde, so oft behandelten Schriftsteller und Filmemacher den meist selbst erlebten Widerstandskampf. Doch das Resultat war nicht immer das gleiche. Zu verschieden waren die Erfahrungen gewesen, als dass ein stereotypes Bild der Resistenza entworfen worden wäre.

In der vorliegenden Arbeit wird zunächst ein geschichtlicher Überblick über Italien im Zweiten Weltkrieg und über den Widerstand gegeben. Es folgt ein Abriss über die literarische Entwicklung des Landes nach Kriegsende und über die Entstehung des Neorealismus. Im Anschluss werden vier Romane exemplarisch vorgestellt und auf ihre literarische Verarbeitung von Resistenza-Erfahrungen untersucht. Da die Vielfalt dieser Widerstandsliteratur sehr groß ist, fiel eine Auswahl nicht leicht. Bevorzugt wurden schließlich Elio Vittorinis *Uomini e no* (1945), Italo Calvinos *Il sentiero dei nidi di ragno* (1947), Cesare Paveses *La casa in collina* (1948) sowie Carlo Cassolas *La ragazza di Bube* (1960). Die vier Autoren verarbeiteten die eigenen Erfahrungen auf verschiedene Weise. Während die ersten drei Romane die Resistenza unmittelbar thematisieren, legte Cassola das Hauptaugenmerk auf die gesellschaftlichen Folgen der Bewegung für die Widerstandskämpfer. Nach einer ausführlichen Einzelanalyse der Werke werden die Romane untereinander verglichen und auf Gemeinsamkeiten und Unterschiede überprüft.

Nach einer Übersicht der filmischen Entwicklung Italiens in der Nachkriegszeit werden drei Filme dieser Zeit analysiert. Es handelt sich zum einen um zwei Werke der Kriegstrilogie Roberto Rossellinis: *Roma città aperta* (1945) und *Paisà* (1946). Auf den dritten Teil der *Trilogia della guerra*, den Film *Germania anno zero* (1947), wurde bewusst verzichtet, da er thematisch zu sehr vom Thema dieser Abhandlung abweicht, denn er behandelt die Nachkriegserfahrungen in Deutschland. Der dritte Film ist Luigi Comencinis Verfilmung von Cassolas *La ragazza di Bube* (1963). Nach einer Untersuchung der Einzelwerke werden die Filme untereinander verglichen.

Abschließend folgt ein intermedialer Vergleich der literarischen und filmischen Resistenza-Verarbeitungen. Dabei werden die unterschiedlichen Vorgehensweisen bei der Transkription des Themas aufgezeigt.

Die hilfreichsten Werke der Sekundärliteratur zum italienischen Neorealismus entstammen hauptsächlich der italienischen Kritik. Es muss festgestellt werden, dass das Thema – vor allem was die Resistenza-Literatur betrifft – in Deutschland nicht auf sehr fruchtbaren Boden stößt und eher stiefmütterlich behandelt wurde und wird. Natürlich sind zahlreiche Monografien über die einzelnen Schriftsteller und Regisseure der Nachkriegszeit vorhanden. Doch vergleichende Ausführungen, in denen die Werke auf die Resistenza-Darstellung untersucht werden, fehlen bisher.

Dennoch waren einige Werke sehr hilfreich: Hervorzuheben ist zum einen der von Heinz Ludwig Arnold herausgegebene Band Nummer 63 der Reihe *Text und Kritik*, der sich mit dem italienischen Neorealismus in Literatur und Film beschäftigt sowie Martin Schlappners *Von Rossellini zu Fellini – Das Menschenbild im italienischen Neorealismus.* Schlappner beschäftigt sich dort vor allem mit der neorealistischen Filmpraxis. Eine wichtige Quelle zu Roberto Rossellini ist das von Adriano Aprà herausgegebene Buch *Roberto Rossellini: My Method – Writings and Interviews*, das diverse Aufzeichnungen und Interviews des Regisseurs enthält.

Der antifaschistische Widerstand sowie die literarischen und filmischen Bearbeitungen über ihn genießen in der italienischen Gesellschaft noch heute, über 50 Jahre nach Ende des Zweiten Weltkriegs, eine hohe Aktualität. In Deutschland ist dieses Thema noch weitgehend fremd. Dabei ist besonders der vergleichende Aspekt der kulturellen Verarbeitung von Kriegserfahrungen beider Länder sehr interessant.

In den folgenden Ausführungen werden die unterschiedlichen Erlebnisse der italienischen Intellektuellen während des antifaschistischen Widerstands und die daraus resultierenden, so variierenden, Ergebnisse vorgestellt.

2. Der antifaschistische Widerstand in Italien

Nach Ende des Ersten Weltkriegs formierte sich in Italien unter Benito Mussolini die faschistische Front. Sie blieb zunächst unbeachtet, wurde aber immer stärker. Bis zum Sommer 1921 versuchte diese Bewegung, die sozialistischen Kräfte der liberalen Regierung durch Gewaltanwendungen auf revolutionäre Weise zu schwächen. Der »Partito Nazionale Fascista« (PNF) wurde am 7. November 1921 gegründet. Es folgten weitere Gewaltaktionen der faschistischen Kampfgruppen gegen Streiks und Versammlungen der Sozialisten. Mussolini hatte eine Revolution angekündigt und so rückten am 29. Oktober 1922 die faschistischen Kampfbünde in die Hauptstadt ein. Der so genannte »Marsch auf Rom« vollendete seine Pläne. Der noch amtierende König fühlte sich bedroht, kapitulierte aber, um sich selbst zu retten.[1] Er beauftragte Mussolini ein neues Kabinett zusammenzustellen, dem es auf diese Weise gelang, den Faschismus in Italien zu verankern.

Nach einer kritischen Rede gegen die Regierung auf dem Aventin in Rom wurde am 10. Juni 1924 der sozialistische Parteisekretär Giacomo Matteotti von Faschisten ermordet. Die demokratische Opposition klagte daraufhin Mussolini öffentlich an und versuchte den König zur Absetzung des Duce zu bewegen. Vittorio Emanuele jedoch war unsicher und die Opposition unfähig, konsequent zu handeln. Sie zog schließlich aus dem Parlament aus. Mit diesem »Protest auf dem Aventin« wollte sie in der Öffentlichkeit ein Zeichen setzen, stellte sich letztendlich damit aber ins politische Abseits.[2] Dies bedeutete das Ende des liberalen Staats. Ein Jahr später folgten Einschränkungen der Pressefreiheit, das Verbot der Oppositionsparteien sowie die Einführung der Todesstrafe. Mussolini konnte sein Regime zu einer totalitären Diktatur ausbauen und erreichte die Alleinherrschaft seiner Partei.

Die Ermordung Matteottis gilt als erste große Krise des italienischen Faschismus und war die Geburtsstunde des offenen Widerstands gegen Mussolini und dessen Regime. Nach dem Verbot aller oppositionellen Parteien emigrierten mehrere zehntausend Mitglieder der aufgelösten Fraktionen ins Ausland. Dort reorganisierten sich die antifaschistischen Gruppierungen und versuchten, dem Faschismus weiterhin die Stirn zu bieten. In Paris verbündeten sie sich im April 1927 zur »Concentrazione Antifas-

---

[1] Vgl. Michael Seidlmayer, *Geschichte Italiens. Vom Zusammenbruch des Römischen Reiches bis zum ersten Weltkrieg*, Stuttgart ²1989, S. 461. Im Folgenden zitiert: Seidlmayer.

[2] Ebd., S. 463.

cista« (CA), der die Sozialisten Pietro Nenni und Filippo Turati vorstanden. Die CA kümmerte sich neben der Organisation von Auswanderungen italienischer Antifaschisten um alle politischen Kräfte der Emigration, bot ihnen ein Diskussionsforum über den Faschismus und über die im Exil mögliche politische Arbeit. Die Kommunistische Partei (»Partito Comunista Italiana«, PCI) wurde 1921 von Antonio Gramsci gegründet. Sie war neben der Bewegung »Giustizia e Libertà« (GL), die 1929 unter Carlo Rosselli ins Leben gerufen wurde, der wichtigste Bestandteil der illegalen antifaschistischen Opposition. Die GL sah sich als überparteiliche, sozialistisch-liberale Bewegung und favorisierte eine demokratisch-republikanische Regierung.

Italien führte unter Mussolini 1935/1936 einen Kolonialkrieg gegen Abessinien. Im Jahre 1936 verkündete der Duce sein Vorhaben, ein Imperium zu gründen. Im gleichen Jahr begann mit der »Achse Rom-Berlin« die Kooperation Italiens mit dem nationalsozialistischen Deutschland unter Adolf Hitler enger zu werden. Ab Juni 1940 kämpfte Italien schließlich an deutscher Seite im Zweiten Weltkrieg. Italiens militärische Unfähigkeit, den Krieg fortzusetzen, führte zu einer Krise innerhalb der Regierung. Am 25. Juli 1943 wurde Benito Mussolini durch ein Misstrauensvotum von der gemäßigten Mehrheit des faschistischen Regimes auf Befehl des Königs abgesetzt und inhaftiert. Unter dem Militärmarschall Pietro Badoglio wurde eine neue Regierung gebildet, die »45-Tage-Regierung«, die sich bis zum 8. September 1943 halten konnte.

Die Alliierten waren am 10. Juli 1943 in Sizilien gelandet. Am 8. September 1943 wurde der Waffenstillstand zwischen Italien und den Alliierten bekannt gegeben. Viele Italiener feierten das Ende der Herrschaft des Duce und des italienischen Faschismus. Der Krieg Italiens an deutscher Seite gegen die Alliierten war beendet. Doch Italien wurde nun selbst zum Kriegsschauplatz, an dem die alliierten Truppen die nationalsozialistischen Besatzer bekämpften. Die deutschen Truppen, die einst an Italiens Seite gekämpft hatten, zogen sich aus Süditalien zurück, aber besetzten fast über Nacht verstärkt Mittel- und Norditalien. König Vittore Emanuele III und Marschall Badoglio flohen unmittelbar nach dem Waffenstillstand heimlich aus Rom, das am 11. September 1943 ebenfalls von deutschem Militär besetzt worden war, in den unbesetzten Süden Italiens, der unter dem Schutz der Alliierten stand. Zum Zeitpunkt des Waffenstillstands gab es keinen Plan für eine italienische Defensive gegen die militärische Reaktion Deutschlands. Die italienischen Soldaten blieben ohne Befehl und wurden größtenteils von den Nationalsozialisten nach Deutschland deportiert. Das italienische Volk war auf sich allein gestellt.

Die deutschen Truppen hatten Nord- und Mittelitalien in ihrer Hand. Sie befreiten am 12. September 1943 Mussolini aus seiner Haft. Mit Hitlers Hilfe konstituierte er erneut eine faschistische Partei, den »Partito Fascista Repubblicano«. Unter der deutschen Okkupationsmacht wurde in Norditalien eine faschistische Gegenregierung gegründet, die »Repubblica Sociale Italiana« (RSI), nach ihrem Hauptsitz am Gardasee auch »Republik von Salò« genannt. Italien war somit in zwei politische Hälften geteilt: Nord- und Mittelitalien waren mit der Marionettenregierung der RSI der nationalsozialistischen Besatzungsmacht unterstellt. Süditalien leitete der »Regno del Sud«, die Regierung um Vittore Emanuele III und Pietro Badoglio unter Aufsicht der Alliierten. Italien erklärte dem ehemaligen Bündnispartner Deutschland den Krieg, den das Land an der Seite der Alliierten durchführte.

Einen Tag nach der Verkündigung des Waffenstillstands hatte sich eine neue Parteienopposition formiert, die schon länger heimlich im Untergrund gearbeitet hatte. Sozialistische, kommunistische und liberale Parteien hatten sich zu einem Befreiungskomitee, dem »Comitato Di Liberazione Nazionale« (CLN) in Rom zusammengeschlossen. Somit gab es in Italien nach langer Zeit wieder eine neue politische und moralische Autorität. Der CLN hatte Standorte in mehreren italienischen Städten und verhandelte mit den Alliierten.

Italien hatte Deutschland den Krieg erklärt, war aber militärisch zu geschwächt, um den Alliierten mit Truppen beiseite stehen zu können. So hatten sich mit dem Waffenstillstand die ersten autonomen Partisaneneinheiten gebildet. Kleine Gruppen von insgesamt etwa 1.500 Personen[3] zogen bewaffnet in die Berge Norditaliens. In der Anfangsphase der bewaffneten Resistenza waren es hauptsächlich ehemalige italienische Soldaten, die der Deportation nach Deutschland entgehen wollten. Nach und nach wuchsen die einzelnen Formationen der Freiheitskämpfer an. Lutz Klinkhammer spricht von vier Rekrutierungsebenen:[4] Die erste bildeten die schon genannten, von der Front flüchtenden Soldaten. Ihnen schlossen sich angloamerikanische und ju-

---

[3] Vgl. Lutz Klinkhammer, *Zwischen Bündnis und Besatzung. Das nationalsozialistische Deutschland und die Republik von Salò 1943 - 1945*, Tübingen 1993, S. 422.

[4] Vgl. ebd., S. 424 ff.

goslawische Kriegsgefangene an. Die dritte und eigentliche Basis der Resistenza bestand aus politisch überzeugten Antifaschisten. Diese formten auch durch den CLN die Grundlage des späteren politischen Systems Italiens. Die letzte Ebene bestand aus weiteren Freiwilligen mit eher schwachem politischem Bewusstsein, welche im Laufe der Monate dazu stießen. Es handelte sich dabei besonders um Jugendliche, die von der faschistischen Armee der RSI einberufen worden waren und die ihrem Wehrdienst entgehen wollten.

Heute wird die Zahl der Partisanen im Frühjahr 1944 auf circa 30.000 geschätzt. Im Sommer 1944 waren es bereits 80.000, zur Zeit der Befreiung Norditaliens im Frühling 1945 rund 130.000 Personen.[5] Alle gesellschaftlichen Schichten waren am bewaffneten Widerstandskampf beteiligt, mehrheitlich waren es Arbeiter, Bauern und Studenten, dies variierte jedoch von Region zu Region. Es handelte sich vor allem um junge Männer im Alter zwischen 18 und 35 Jahren. Frauen spielten in der Resistenza ebenfalls eine große Rolle. Sie waren – wenn nicht bewaffnet in den Bergen – als Waffenkuriere und Informantinnen tätig und versorgten die Männer medizinisch. Der breite und starke Rückhalt in der Bevölkerung war ein wichtiges Merkmal der Resistenza. Die Menschen rüsteten die Freiheitskämpfer mit Lebensmitteln und Kleidung aus und boten ihnen auch politische Deckung.

Unter Decknamen agierten die Partisanen besonders in den Bergen des Piemont, Liguriens, der Emilia-Romagna und der Toskana. Bis zum Winter 1943 waren die Aktionen noch wenig organisiert. Danach wurden sie von dem Befreiungskomitee CLN geregelt, so dass die Brigaden besonders durch spezielle Kommissare ideologisch-politisch gefestigter wurden. Auch in den Bergen der Abruzzen und des Apennin formierten sich unter der Führung des CLN Partisanengruppen. Beispiele hierfür sind die Brigaden des kommunistischen PCI, der mit 50 % das stärkste Kontingent an Widerstandskämpfern mit den »Garibaldini« aufweisen konnte[6] oder die »Azionisti« der liberalen Aktionspartei »Partito d'Azione« (Pd'A). Zu ihren Aufgaben zählten vor allem Sabotageakte. Sie plünderten Waffenlager der deutschen Truppen und manipulierten Eisenbahnstrecken. Des Weiteren verübten sie Anschläge auf nationalsozialistische Quartiere und lockten deutsche Soldaten in Hinterhalte. Für innerstädtische

---

[5] Vgl. Ricerca Storica Multimediale / Stefano Buonamico; Flaviano Pizzardi; Franco Tomassi (Hgg.), *La Resistenza 1943 - 1945. L'Italia dal fascismo alla Repubblica* (CD-Rom), Mailand 1996, Laterza.

[6] Vgl. Seidlmayer, S. 504.

Sabotageakte waren die »Gruppi d'Azione Pattriotica« (GAP) des CLN zuständig. Der CLN organisierte auch den unbewaffneten Widerstand wie etwa Streiks in den Fabriken Norditaliens oder Volksaufstände.

Die deutsche Besatzung rächte die Sabotageakte und die Anschläge der von ihnen so bezeichneten »Banditen« auf grausame Weise. Die faschistischen »Schwarzen Brigaden«, die »Brigate nere«, wurden von Mussolini und seiner Regierung ab dem Sommer 1944 eingesetzt. Ihre Aufgabe lag im Auffinden und Zerstören der Partisanenformationen und in der Verhaftung von antifaschistischen Mithelfern in der Bevölkerung. So hatte auch die Zivilbevölkerung unter den Vergeltungsschlägen der deutschen Besatzungsmacht zu leiden. Die Faschisten und Nationalsozialisten zwangen sie unter Folter und schweren Sanktionen zum Verrat der eigenen Landsleute. Es kam zu zahlreichen regelrechten Massakern, in denen Zivilisten, darunter viele Frauen und Kinder, ums Leben kamen.

Am 4. Juni 1944 befreiten die Alliierten Rom. Der frühere Ministerpräsident Ivanoe Bonomi bildete aus Mitgliedern des Befreiungsausschusses CLN eine neue Regierung. Nach und nach wurde auch das restliche Land durch die Alliierten von der deutschen Besatzung befreit, in vielen Städte geschah dies durch Partisanen. Am 25. April 1945 wurde Norditalien befreit; zwei Tage später unterzeichnete Deutschland die Waffenstillstandsverträge. Am 28. April 1945 wurde Benito Mussolini auf seiner Flucht in die Schweiz von Partisanen erschossen; seine Leiche wurde anschließend in Mailand öffentlich zur Schau gestellt.

Aus dem politischen Widerstand entwickelten sich in Italien ein neues Parteiensystem und eine neue politische Elite. Der CLN löste sich nach Kriegsende wegen interner politischer Divergenzen auf. Viele der faschistischen Führungskräfte behielten jedoch ihre Posten. Es kam nicht zu der erhofften politischen Revolution, die viele Widerstandskämpfer angestrebt hatten. Diese empfanden nun die Resistenza als verraten.

Die ersten freien Kommunalwahlen in Italien im Frühjahr 1946 bedeuteten das Ende der Monarchie. Die christdemokratische Partei (»Democrazia Cristiana«, DC) ging mit 35,2 % der Stimmen als Sieger hervor. Es folgten der sozialistische »Partito Socialista Italiano« (PSI) mit 20,7 % und der »Partito Comunista Italiano« (PCI) mit

19 %.[7] Am 1. Januar 1948 wurde Italiens Verfassung als demokratisch-parlamentarische Republik verabschiedet.

2.1. Die heutige Brisanz der Resistenza

Die Resistenza sorgt in der italienischen Öffentlichkeit noch heute, über 55 Jahre nach Beendigung des Zweiten Weltkriegs, für politisch-ideologische Auseinandersetzungen. Die Brisanz des Themas liegt ähnlich wie in Frankreich vor allem in dem Mythos, zu dem der bewaffnete Widerstand erhoben wurde. In Italien wird das Substantiv »Resistenza« groß geschrieben; schon dieser formale Aspekt zeigt, was die Widerstandsbewegung – die größte Westeuropas, so der Historiker Jens Petersen[8] – dem italienischen Volk noch immer bedeutet. Die Italiener sind stolz auf den Widerstand, den sie der deutschen Besatzung zwanzig Monate lang unter großen Opfern geboten haben. Für viele gilt die Resistenza als Höhepunkt in der italienischen Nationalgeschichte.[9] Schließlich ist der inzwischen einzige nationale Feiertag Italiens der 25. April: der Tag, an dem die Alliierten mit Hilfe der Partisanen 1945 das Land endgültig von der deutschen Besatzung befreiten.

Was die Beurteilung der Resistenza angeht, gibt es viele verschiedene Ansichten. Der linkspolitische Historiker Claudio Pavone etwa sieht ihre Legitimität in der gesellschaftspolitischen Bedeutung: Die Widerstandsbewegung habe dazu beigetragen, eine neue, demokratische Staatsform zu entwickeln. Außerdem sei der Aspekt der eigenverantwortlichen Handlung des Volks herausragend. Denn nachdem das faschistische Regime zerbrochen war, musste die italienische Bevölkerung autonome Entscheidungen treffen, wie ihr Land wieder zu Freiheit und Unabhängigkeit gelange.

Dem entgegengesetzt argumentiert der Geschichtswissenschaftler Renzo De Felice. Er bezeichnet den Widerstandkampf als eine »Resistenza vulgata«. Zu einem Mythos sei er zu Unrecht erhöht worden, da viele Bewohner Italiens sich nicht engagiert hätten, sondern passiv geblieben wären und abgewartet hätten. Für De Felice ist der

---

[7] Vgl. ebd., S. 513.

[8] Vgl. Jens Petersen, »Die Verwandlung des Gartens in eine Kaserne«, in: *Frankfurter Allgemeine Zeitung*, Nr. 5, 7. Januar 1998, S. 31.

[9] Vgl. ders., »Die schönsten Jahre sind dahin«, in: *Frankfurter Allgemeine Zeitung*, Nr. 95, 25. April 1994, S. 37. Im Folgenden zitiert: Petersen, »Die schönsten Jahre«.

Mythos lediglich konstruiert worden, um mit der neu geschaffenen Demokratie den bewaffneten Antifaschismus zu legitimieren. Weitere Historiker sehen die Verherrlichung der antifaschistischen Bewegung als eine psychologische Verdrängungsarbeit an. Anstatt sich mit der eigenen faschistischen Vergangenheit auseinander zu setzen, rühmen sich die Italiener des heroischen Widerstandskampfes:

> »Der Resistenza-Mythos hat zusammenführend, aber auch trennend gewirkt. Er hat dazu beigetragen, daß der Faschismus lange Zeit tabuisiert wurde und damit aus der Nationalgeschichte ausgeschlossen blieb.«[10]

Auch das kritische Auseinandersetzen mit dem PCI, der Kommunistischen Partei, habe nie stattgefunden:

> »Daß innerhalb der KPI auch eine ›totalitäre‹ Komponente wirksam war, gehört bis heute zu den Tabus der Geschichtsschreibung der Resistenza. Mit dem Zusammenbruch des Weltkommunismus und dem Verschwinden der kommunistischen Partei in Italien sind auch die von ihr aufgebauten Traditionen und Mythen unter den Zwang einer kritischen Überprüfung geraten.«[11]

Die Brisanz des Widerstandskampfes hat vor allem moralische Wurzeln. Durch seine Verherrlichung in der italienischen Bevölkerung der Nachkriegszeit entstand ein imaginäres Spannungsfeld zwischen Gut und Böse innerhalb des Befreiungskriegs. Es gab die Partisanen auf der einen und die Faschisten und Nationalsozialisten auf der anderen Seite:

> »Die Interpretation des Faschismus als des ›absoluten Bösen‹ wurde Teil des Resistenza-Mythos, der seit den sechziger Jahren immer stärker zur ›Zivilreligion‹ der Republik aufstieg.«[12]

Beide Fronten benutzten Gewalt zur Durchsetzung ihrer politischen Ziele. Die Hintergründe, die diese Gewalt motivierten, waren jedoch unterschiedlich. Italo Calvino hat, wie im weiteren Verlauf der Ausführungen noch zu lesen sein wird, in seinem Roman *Il sentiero dei nidi di ragno* (1947) das Thema der unterschiedlichen Motivationen behandelt. Demnach hatten beide Gegner Ziele, für die sie auch Terror

---

[10] Ders., »Mythos Resistenza«, in: Titus Heydenreich; Helene Harth (Hgg.), *Zibaldone*, Nr. 19, München / Zürich 1995, S. 5-17, S. 11. Im Folgenden zitiert: Petersen, »Mythos«.

[11] Ebd.

[12] Ders., »Die Axt an den Mythos legen«, in: *Frankfurter Allgemeine Zeitung*, Nr. 299, 24. Dezember 1997, S. N7.

einsetzten. Es sei unumgänglich, so Calvino, die Ideale, die den Hintergrund des Kriegs bildeten, zu durchleuchten. Gewalt sei auf der einen wie auf der anderen Seite vorzufinden. Jedoch kämpfe die eine Seite für die Freiheit und die andere Seite für weitere Unterdrückung.[13]

Guido Pisi, Direktor des »Istituto Storico della Resistenza« in Parma, warnt davor, die Grausamkeiten beider Fronten gleichzusetzen. Wie auch von Calvino gefordert müssten immer die politisch-ideologischen Hintergründe erkannt werden:

> »Auch hinter dem idealistischsten Kämpfer der faschistischen Brigate nere [standen] die Folterkammern, Deportationen, Konzentrationslager und Gaskammern [...]; aber hinter dem schlimmsten und unwissendsten Partisanen stand eine große Bewegung von Männern und Frauen, die für eine pazifistische, demokratische und so weit wie möglich gerechte Gesellschaft kämpften«.[14]

Dies zu vergessen, so Pisi, bedeute letztendlich den Sinn der Geschichte aufzugeben.

Das italienische Volk erlebte in der Nachkriegszeit den moralischen Triumph, sich dem Faschismus und Nationalsozialismus nicht willenlos ergeben zu haben. Der Widerstand war, so Jens Petersen, »wenn schon nicht militärisch, so doch politisch und moralisch ein Akt der Selbstbestimmung und der Selbstfindung«.[15] Der Widerstandskampf gab den Italienern ein neues politisches und moralisches Selbstbewusstsein:[16] »Der Antifaschismus und die Resistenza wurden [...] zum Gründungsmythos des neuen Staates und Teil der politischen Kultur Italiens.«[17]

Die humanitären Ideale, für welche die Partisanen kämpften und oft ihr Leben ließen, betont die Schriftstellerin Natalia Ginzburg, damalige Ehefrau des berühmten Widerstandkämpfers Leone Ginzburg:

---

[13] Italo Calvino, *Il sentiero dei nidi di ragno* (1947), Mailand 1993, Oscar Mondadori, S. 114 f. Im Folgenden zitiert: *ISDNDR*.

[14] Guido Pisi, »Den Unterschied zu vergessen, bedeutet den Sinn der Geschichte aufzugeben«, in: Verein zur Förderung alternativer Medien e.V. (Hg.): *La Resistenza – Beiträge zum Widerstand in Italien*, Erlangen 2001, S. 6 - 7, S. 7, übersetzt von Heike Herzog und Matthias Brieger.

[15] Petersen, »Mythos«, S. 5.

[16] Vgl. Seidlmayer, S. 501.

[17] Petersen, »Die schönsten Jahre«, S. 37.

»Strano ci sembrava il fatto che, per amore di tutti quegli sconosciuti che passavano, e per amore di un futuro ignoto ma di cui scorgevamo in distanza, fra privazioni e devastazioni, la solidità e lo splendore, ognuno era pronto a perdere sé stesso e la propria vita.«[18]

[18] Natalia Ginzburg, »Prefazione«, in: Giovanni Falaschi (Hg.), *La letteratura partigiana in Italia 1943 - 1945*, Rom 1984, S. 7 - 9, S. 8 f.

3. Die Literatur der Nachkriegszeit: der Neorealismus

In der Kultur der italienischen Nachkriegszeit spielte die mündliche Erzähltradition eine große Rolle. Nach Beendigung des Zweiten Weltkriegs war Italien von Zensur und unterdrückter Meinungsäußerung befreit. In der Bevölkerung stellte sich ein großes Bedürfnis ein, das Erlebte mündlich oder schriftlich an Menschen weiterzugeben, die sie verstanden, weil sie Ähnliches erlebt und erlitten hatten. Giovanni Falaschi nennt diese kollektiven Kriegserfahrungen einen »Schatz von Erinnerungen gemeinsamer Geschichte«.[19] Dieser Schatz war die Basis, auf der sich eine neue Kunstrichtung gründete. Sie befasste sich mit den Geschichten und Erlebnissen gewöhnlicher Menschen für gewöhnliche Menschen:

> »L'essere usciti da un'esperienza [...] che non aveva risparmiato nessuno, stabiliva un'immediatezza di comunicazione tra lo scrittore e il suo pubblico: si era faccia a faccia, alla pari, carichi di storie da raccontare, ognuno aveva avuto la sua, ognuno aveva vissuto vite irregolari drammatiche avventurose, ci si strappava la parola di bocca.«[20]

In den Nachkriegsjahren entstand auf diese Weise bis weit in die Fünfzigerjahre hinein eine große Menge an so genannter Resistenza-Literatur, welche die zwanzig Monate des bewaffneten Widerstands thematisierte: Tagebücher, Erzählungen, Romane und Gedichte. Hierbei spielte es keine Rolle, ob sich der Schreibende vor Kriegsbeginn mit Literatur beschäftig hatte oder in irgendeiner Weise literarisch versiert war. Es entstanden auch zahlreiche Werke mit geringem künstlerischen Anspruch. Thomas Bremer spricht von etwa 400 Bänden Erinnerungsliteratur, die in Italien zwischen 1945 und 1950 veröffentlicht wurden. In dem kleinen Ort Cuneo, inmitten eines damals wichtigen Resistenzagebiets, gab es, so Bremer, sieben Verlage, die sich allein auf die Dokumentarliteratur des Widerstandskampfes spezialisiert hatten.[21]

---

[19] Vgl. Giovanni Falaschi (Hg.), *La letteratura partigiana in Italia 1943 - 1945*, Rom 1984, S. 13. Im Folgenden zitiert: Falaschi, *La letteratura partigiana*.

[20] Italo Calvino, »Presentazione«, in: *ISDNDR*, S. V - XXV, S. VI. Im Folgenden zitiert: Calvino, »Presentazione«.

[21] Vgl. Thomas Bremer, »Den Menschen neuschaffen«, in: Heinz Ludwig Arnold (Hg.), *Text + Kritik. Zeitschrift für Literatur*, Nr. 63: Italienischer Neorealismus, München 1979, S. 3 - 18, S. 7. Im Folgenden zitiert: Bremer, »Menschen«.

Die narrative Kunstrichtung,[22] die im Italien der Nachkriegszeit entstand, wird als Neorealismus bezeichnet. Die zeitliche Ausdehnung des Neorealismus ist nur schwer zu bestimmen; die Jahre zwischen 1945 bis 1949 gelten jedoch als seine Hauptphase. Thematisch widmet sich die neorealistische Kunstpraxis in einer deutlich antifaschistischen Haltung vor allem dem Widerstand gegen den Faschismus und gegen die deutsche Besatzung. Dabei werden auch soziale und gesellschaftliche Missstände aufgezeigt. Der Neorealismus war keine Geistesrichtung, die auf einer bestimmten Schule basierte und demnach klare Richtlinien hatte. Italo Calvino beschreibt ihn als »un insieme di voci«,[23] einen Zusammenklang von Stimmen als eine Bewegung, die auf ideologischen Aspekten fußte. Denn »was der Neorealismus negierte, war eindeutig – was er positiv wollte, jedoch sehr viel weniger differenziert [...]. Nicht zuletzt dies bewirkte seine Krise«.[24]

Die während des »ventennio nero« unter Mussolinis Regime entstandenen Kunstformen wurden nach Kriegsende auf breiter Front verachtet und negiert. Anders als diese gab sich die neorealistische Dichtkunst bewusst antiliterarisch. Sie wollte für alle sozialen Schichten zugänglich sein und bediente sich deshalb einer einfachen Sprache, die für jedermann verständlich war. Die Intellektuellen hatten die Resistenza auf ihre eigene Weise erlebt und teilweise, wie Italo Calvino und Elio Vittorini, aktiv an ihr teilgenommen. Sie schrieben von einer Zeit, die ihre Leser selbst erlebt hatten und sie deswegen berührte: »Gli intelletuali [...] testimoniano, a nome del popolo, le loro sofferenze, che diventano immediatamente le sofferenze dell'intera nazione.«[25] Dem Volk wurde auf diese Weise auch bei der psychologischen Aufarbeitung der oft traumatischen Ereignisse geholfen.

Neben der Verarbeitung der Kriegserfahrungen ging es der neorealistischen Kunstpraxis um die »ricostruzione della morale«,[26] die nach Calvino genauso wichtig sei wie der materielle Wideraufbau Italiens. Nach über zwanzig Jahren faschistischer Herrschaft musste die politische Moral erneuert und ein »neues Menschsein«

---

[22] Vgl. Lucia Re, *Calvino and the Age of Neorealism. Fables of Estrangement*, Stanford / Kalifornien 1990, S. 37. Im Folgenden zitiert: Re.

[23] Calvino, »Presentazione«, S. VIII.

[24] Bremer, »Menschen«, S. 4.

[25] Giuseppe Bonura, *Invito alla lettura di Italo Calvino*, Milano 1972, S. 21. Im Folgenden zitiert: Bonura.

[26] Giorgio Baroni, *Italo Calvino*, Florenz 1988, S. 24.

aufgebaut werden. Hierbei rückten die humanitären Ideale, die bereits die Resistenza getragen hatten, in den Vordergrund:

> »Humanism is often found at the political roots of neorealism; it reflects a 'united-front' politics which urges cooperation rather than confrontation calling for a collective effort to build a truly human, and humane, society.«[27]

Ein wichtiges Merkmal der neorealistischen Periode war, dass Schriftsteller und Intellektuelle die gesellschaftspolitische Aufgabe übernahmen, dem Menschen den Weg eines Neubeginns zu weisen. Es handelte sich um den »impegno«, das politische Engagement der Kunstschaffenden gegenüber der Gesellschaft. Wegweisend war hier Elio Vittorini, der die Kulturzeitschrift *Il Politecnico* gründete, in der Diskussionen über Kunst und ihr Verhältnis zur Politik geführt wurden. Thomas Bremer erläutert die neue Rolle der Intellektuellen:

> »Im Widerstand und nach dem Ende des Kriegs und Zusammenbruch des Systems musste (und konnte) die Funktion des Schriftstellers zwangsläufig eine andere sein als zuvor; [...] der allgemeine soziale und moralische Neubeginn [verlieh] gerade den Intellektuellen eine moralische Führungsrolle, der sich die Literatur einfügte«.[28]

Der Neorealismus hatte das Ziel einer engagierten Kunst, welche die sozialen Probleme des Landes aufzeigte, anstatt sie wie im Faschismus zu vertuschen. Dies seien, so Cesare Pavese, die Schriftsteller ihrem Volk und ihren Lesern schuldig:

> »Il nostro compito è difficile ma vivo. È anche il solo che abbia un senso e una speranza. Sono uomini quelli che attendono le nostre parole, poveri uomini come noialtri, quando scordiamo che la vita è comunione. Ci ascolteranno con durezza e confiducia, pronti a incarnare le parole che diremo. Deluderli sarebbe tradirli, sarebbe tradire anche il nostro passato.«[29]

Der Neorealismus prägte das Italien der Nachkriegszeit. Auf verschiedene Weise stellten Schriftsteller ihre Erfahrungen dar. Das Spektrum der Schilderungen ist breit und variiert wie das Erlebte selbst. So gibt es für Italo Calvino nicht *das* Werk, das die gesamte Resistenza verkörpert:

> »A chi si chiede se la letteratura italiana ha dato qualche opera in cui si possa riconoscere ›tutta la Resistenza‹ [...], un'opera letteraria che possa dire veramente di sé: ›io rappresento la Resistenza‹, l'indubbia risposta è: ›Purtroppo non ancora‹. Mentre invece a chi si chiede se la Resistenza ha

---

[27] Re, S. 39.

[28] Bremer, »Menschen«, S. 5.

[29] Cesare Pavese, »Ritorno all'uomo«, in: Giorgio Luti; Caterina Verbaro (Hgg.), *Dal Neorealismo alle Neoavanguardia (1945 - 1961)*, Florenz 1995, S. 117 - 118, S. 118.

›dato‹ alla letteratura e ai letterati, se la letteratura italiana s'è arricchita, attraverso l'esperienza della Resistenza, di qualcosa di nuovo e necessario, io credo si debba rispondere risolutamente: ›sì‹.«[30]

[30] Italo Calvino, »La letteratura italiana sulla Resistenza«, in: Ebd., S. 128 - 130, S. 128.

3.1. Elio Vittorini – Sein Leben und Werk

Elio Vittorini wurde als Kind eines Eisenbahners am 23. Juli 1908 in Syrakus in Sizilien geboren. Er brach schon früh die Schule ab; die Ausbildung an einer Technischen Hochschule beendete er vorzeitig, um sich 1924 einer antifaschistischen Untergrundgruppe anzuschließen.

Bereits in jungen Jahren interessierte sich Vittorini für die internationale Literatur. Für die Florentiner Zeitschrift *Solaria*, die sich antifaschistisch und humanistisch gab und sich für eine Öffnung der europäischen Literatur einsetzte, schrieb er mehrere Erzählungen. Wie bei vielen Intellektuellen seiner Zeit galt Vittorinis Aufmerksamkeit besonders der amerikanischen Literatur. Sie war für ihn der Inbegriff von Freiheit, Weltoffenheit und Demokratie und stand der faschistischen Propaganda und ihrer Rhetorik entgegen.

Im Jahre 1933 erschien sein erster Roman *Garofano Rosso* in mehreren Teilen in der *Solaria*, die später jedoch von der faschistischen Regierung verboten wurde. Dies war der Punkt, an dem der Faschismus auch direkt das Leben des Autors berührte. Vittorini begann sich dem Faschismus entgegen zu stellen und äußerte sich im März 1933 folgendermaßen:

> »Von jetzt an konnte ich mich auch für die politischen Ereignisse ›ereifern‹, indem ich die vom Faschismus der Welt zugefügten Beleidigungen auch als mir selbst zugefügte Beleidigungen erlebte.«[31]

Von den Geschehnissen des Spanischen Bürgerkriegs veranlasst, kehrte sich Vittorini endgültig vom Faschismus ab. Im Jahre 1936 wurde er aus der Faschistischen Partei ausgeschlossen, in die er wie alle Schüler aufgenommen worden war. Seit Beginn des 2. Weltkriegs in Italien nahm Elio Vittorini aktiv an der Resistenza teil. In Mailand betätigte er sich an der heimlichen publizistischen Tätigkeit im Untergrund und erstellte Flugblätter. Er organisierte Einsätze und Streiks für den Widerstand in Mailand und unternahm Kurierdienste für den CLN nach Sizilien.

> »Sono uscito dalla lotta di liberazione senza ancora sapere come si carica e si spara. Mi vergognavo di chiedere che mi insegnassero, e più passava il tempo più me ne vergognavo. Tuttavia ho cercato di rendermi utile le stesso.«[32]

[31] Elio Vittorini, zitiert nach: Johannes Hösle, *Die italienische Literatur der Gegenwart – von Cesare Pavese bis Dario Fo*, München 1999, S. 18.

Zudem schrieb Vittorini Beiträge für die kommunistische Zeitung *L'Unità*, deren Chefredakteur er 1945 wurde. Nach dem Waffenstillstand am 8. September 1943 lebte der Schriftsteller versteckt vor den deutschen Truppen, plante aber weiterhin Widerstandsaktionen. In dieser Zeit, zwischen Frühling und Herbst 1944, entstand in seinem Versteck *Uomini e no* – ein Roman über die Widerstandskämpfer in Mailand. Er wurde direkt nach Kriegsende im Juni 1945 veröffentlicht.

Obwohl sich Vittorini nie als Marxisten bezeichnete, trat er 1941 in den PCI ein. Von 1945 bis 1947 leitete er die Zeitschrift *Il Politecnico*, die sich mit dem Verhältnis von Kultur zur Politik beschäftigte. Das Ziel Vittorinis war es, durch Literatur ein neues Bewusstsein im Menschen zu schaffen. Die Dichtung mit ihrer bloß »tröstenden Funktion«,[33] die dem Faschismus in der Vergangenheit nicht entgegenwirken konnte, wollte er in eine Literatur umwandeln, die den Menschen aufmerksamer und sensibler für das Zeitgeschehen machte. Vittorini schwebte folgendes Kulturmodell vor: »Un modello di cultura liberatrice e operativa, direttamente coinvolta nella società, capace di assumere le responsabilità e gli onori del potere.«[34] Seine Vorstellung von Literatur und ihrem Verhältnis zur Politik entsprach allerdings nicht den Ideologien der Kommunistischen Partei. 1947 kam es in der Nr. 35 des *Politecnico* zu dem berühmten streitigen Briefwechsel zwischen dem Parteisekretär Palmiro Togliatti und Elio Vittorini.[35] Beide legten dort ihre Ansichten über das politisch-soziale Engagement der Intellektuellen und ihre Erwartungen von der Kultur dar. Vittorini wollte sich weder auf die Richtlinien des PCI festlegen lassen noch seine Dichtung zu einem Sprachrohr der Politik instrumentalisieren. Der Autor verteidigte die Freiheit der Kultur und wollte nicht, dass die Politik die Kontrolle über die Kunst bekäme. Der PCI jedoch erwartete von seinen Mitgliedern ein Engagement für die Partei, besonders von den Schriftstellern. Die »letteratura impegnata« solle, so Togliatti, die politischen Zielsetzungen ansprechen. Wegen dieser auseinander driftenden Anschauungen über die Funktion der Kunst trat Vittorini noch im selben Jahr aus der Partei aus.

---

[32] Ders., zitiert nach: Alba Andreini, »Vittorini e il romanzo della Resistenza«, in: Andrea Bianchini; Francesca Lolli (Hgg.), *Letteratura e Resistenza*, Bologna 1997, S. 157 - 171, S. 159.

[33] Vgl. Annalisa Ponti, *Come leggere »Il sentiero dei nidi di ragno« di Italo Calvino*, Mailand 1991, S. 10. Im Folgenden zitiert: Ponti.

[34] Ebd.

[35] Vgl. Gaetano Gazziano, *Occasioni e valori del Neorealismo*, Florenz 1988, S. 32 ff.

Ab 1959 arbeitete Vittorini bis zu seinem Tod als Herausgeber der Zeitschrift *Il Menabò di letteratura* und widmete sich vor allem der Förderung junger Schriftsteller. Am 12. Februar 1966 starb er in Mailand.

3.1.1. Der Roman *Uomini e no* (1945)

Der im letzten Kriegsjahr zwischen Frühjahr und Herbst 1944 verfasste und im Sommer 1945 veröffentlichte Roman *Uomini e no* war der erste Widerstandsroman Italiens. Elio Vittorini beschreibt die Aktivitäten des Widerstands in Mailand und die darauf folgenden Vergeltungsschläge der deutschen Besatzung an fünf Januartagen des Jahres 1944. Die Handlungsorte innerhalb Mailands sind durch Angaben von Straßennamen und Plätzen genau definiert.

Der Hauptprotagonist mit dem Decknamen N2 ist der Kopf einer Partisanengruppe in Mailand. Er führt seit zehn Jahren eine unglückliche Liebesbeziehung mit Berta, die verheiratet ist und sich nicht von ihrem Mann trennen kann. Zusammen mit anderen Mitgliedern führt N2 ein Attentat auf eine Gruppe von Nationalsozialisten durch. Als Vergeltung werden daraufhin mehrere unschuldige Zivilisten und Partisanen von der SS getötet und auf dem Largo Augusto öffentlich zur Schau gestellt.

Den Widerstandskämpfern im Roman entgegengestellt sind einerseits die deutschen Nationalsozialisten mit ihrem Leiter Hauptmann Clemm, andererseits die italienischen Faschisten unter der Führung von Cane Nero. Nach einem weiteren Attentat der Widerstandskämpfer auf das Gericht ist die Rache der deutschen Besatzer wieder grausam: Pro getöteten Deutschen lässt Clemm zehn Insassen aus dem Gefängnis hinrichten. Giulaj, ein Maronenverkäufer, läuft vor einer SS-Patrouille weg, weil er fürchtet, verhaftet zu werden. Hauptmann Clemms Hund verfolgt ihn und greift den Mann an. Giulaj tötet das Tier aus Notwehr. Er wird verhaftet und dem Hauptmann vorgeführt. Clemm nimmt persönlich Rache an dem Mann: Er lässt ihn in einem Kasernenhof vortreten und sich ausziehen. Nachdem er ihn über seine private Situation befragt hat, hetzt er seine beiden Hunde auf ihn, die ihn töten. Bei der letzten Aktion wurde N2 erkannt, sein Bild ist in den Zeitungen zu sehen. Doch anstatt zu fliehen und sich zu verstecken, wie es ihm seine Freunde raten, nimmt N2 resigniert sein Schicksal auf sich. Er wartet in seinem Zimmer auf Cane Nero, um ihn zu töten und dabei selbst getötet zu werden.

Der Roman beinhaltet 136 Kapitel, die insgesamt drei Sinnebenen bilden. Die erste Ebene stellt die historisch-narrative Dimension dar und bildet das reale Handlungsgerüst. Durch einen personalen Erzähler werden der Widerstandskampf und die darauf folgenden Vergeltungsmaßnahmen der Nationalsozialisten dargestellt. Die zweite und dritte Ebene beinhalten die 23 kursiv gedruckten Kapitel. Hier findet sich zum einen eine autobiografisch-lyrische Stufe, auf der sich der Ich-Erzähler als Alter Ego von N2 zu erkennen gibt. Er führt N2 in seine Kindheit, wo er glücklich mit Berta ist. Zudem gibt es in einer dritten Ebene einen Erzählerkommentar, der in der narrativen Ebene fehlt. Der Erzähler, der mit dem Autor gleich zu setzen ist, leitet die reflexiven Abschnitte und die Überlegungen nach dem Menschsein. Vittorini bedient sich wie in seinen anderen Werken einer nüchternen, einfachen und kunstlosen Sprache. Bestimmte Phrasen und Worte werden in Dialogen ständig wiederholt. Edgar Sallager spricht von einer »formale[n] Analogie zur Oper«,[36] die oft sogar in ein »opernhaftes Pathos«[37] mündet. Deutlich werden diese Repetitionen bei allen dem Autor wichtigen Textstellen. So etwa, als Berta über die Toten am Largo Augusto weinen will, der Alte im Park sie aber davon abhält:

»›Non bisogna‹ il vecchio disse ›piangere per loro.‹
›No?‹ disse Berta.
›Non bisogna piangere per nessuna delle cose che accadono.‹
›Non bisogna piangere?‹
›Se piangiamo accettiamo. Non bisogna accettare.‹
›Gli uomini sono uccisi, e non bisogna piangere?‹
›Se li piangiamo li perdiamo. Non bisogna perderli.‹
›E non bisogna piangere?‹
›Certo che no! Che facciamo se piangiamo? Rendiamo inutile ogni cosa.‹«[38]

Uomini e no stellt die inneren Entwicklungen von N2 in den Vordergrund. Die Resistenza bildet den Hintergrund und wird zur Ausgangssituation für eine Diskussion über das Menschsein. Bei Vittorini, so Thomas Bremer, »geraten die historischen Ereignisse in den Hintergrund, bleibt der Kampf zwischen Faschismus und Antifaschismus eine Auseinandersetzung von Einzelpersonen.«[39] Der Roman

---

[36] Edgar Sallager, »Elio Vittorinis Roman ›Uomini e no‹«, in: Arno Euler u.a. (Hgg.), *Italienisch – Zeitschrift für italienische Sprache und Kultur*, Nr. 5 / 1981, Frankfurt am Main 1981, S. 18 - 33, S. 26.

[37] Ebd., S. 28.

[38] Elio Vittorini, *Uomini e no* (1945), Mailand 1965, Oscar Mondadori, S. 108. Im Folgenden zitiert: *UEN*.

[39] Bremer, »Menschen«, S. 9.

veranlasste zahlreiche Kritiker zu recht kontroversen Urteilen. Ein Teil der kritischen Literatur hebt Vittorinis Argumentation über das Menschsein lobend hervor. Ein anderer Teil der Kritiker verurteilt gerade dieses Moralisieren des Autors. Alberto Asor Rosa sieht in *Uomini e no* sogar die Resistenza angegriffen: »Di fronte a *Uomini e no* vien perfino voglia di difendere la Resistenza, nella sua matrice, qui tradita, genuinamente popolare.«[40]

3.1.2. Die Darstellung der Resistenza in *Uomini e no*

Die Widerstandskämpfer in *Uomini e no* werden sehr einseitig beurteilt. Es werden nur ihre menschlichen und positiven Seiten hervorgehoben. Hinter jedem Partisan steht ein individuelles Schicksal und eine persönliche Geschichte. So gibt es etwa Coroliano, der im Versteck trotz Verbot mit seiner Familie leben will, oder Orazio, der bald seine Verlobte heiraten möchte. Der Leser lernt die Männer im Widerstand weniger im Kampf als hauptsächlich privat kennen. Wie der Erzähler Coroliano als »un uomo semplice: aveva una faccia aperta e buona«[41] bezeichnet, so werden alle Partisanen mit den sich ständig wiederholenden Attributen gut, einfach oder friedlich beschrieben:

> »Anche Mambrino aveva una faccia buona, l'aveva tonda e buona. E Barca Tartaro l'aveva ferma e buona. Picco Studente l'aveva acuta e buona. Tutti questi uomini erano semplici, erano pacifici, semplici, e i due giovani della macchina, Metastasio e Orazio, erano come loro.
> Essi avevano, ognuno, una famiglia: un materasso su cui volevano dormire, piatti e posate in cui volevano mangiare, una donna con cui volevano stare; e i loro interessi non andavano molto più in là di questo, erano come i loro discorsi.
> Perché, ora, lottavano?
> Perché vivevano come animali inseguiti e ogni giorno esponevano la loro vita? Perché dormivano con una pistola sotto il cuscino? Perché lanciavano bombe? Perché uccidevano?«[42]

Jeder Partisan in *Uomini e no* hatte seine Gründe, der Resistenza beizutreten. Niemand wurde zum Kämpfen gezwungen und keiner hat Zweifel an seinem Tun. Gracco, ein besonders positiver Held, fragt immer wieder nach dem Sinn und der

---

[40] Alberto Asor Rosa, *Scrittori e popolo. Saggio sulla letteratura populista italiana contemporanea*, Rom ³1969, S. 165. Im Folgenden zitiert: Asor Rosa.

[41] *UEN*, S. 51.

[42] Ebd., S. 51 f.

Motivation der Partisanen, die doch eigentlich friedlich und gut seien, aber dennoch den Weg der Gewalt wählen:

> »Perché quei due giovani [Metastasio e Orazio] avevano da fare con dei mitragliatori? I loro interessi erano semplici, pacifici; né era accaduto loro personalmente nulla che li spingesse alla disperazione. Perché prendevano parte a una lotta che esigeva di combattere con la forza della disperazione?«[43]

Gracco fragt nach den Gründen, die sie immer wieder zu den Waffen greifen lassen:

> »Perché, se non erano terribili, uccidevano? Perché, se erano semplici, se erano pacifici, lottavano? Perché, senza aver niente che li costringesse, erano entrati in quel duello a morte e lo sostenevano?«[44]

Der Erzähler schafft es, diese »moralische Infragestellung der *Resistenza*«[45] unmittelbar zu beenden, indem er auf die Unterschiede zwischen den Kämpfenden hinweist. Gracco stellt fest, dass die Widerstandskämpfer trotz der von ihnen angewandten Gewalt friedlich und gut seien: »Come accadeva che fossero semplici e pacifici anche loro? Che non fossero terribili?«[46] Beim Befreiungskampf handelt es sich nicht um einen Krieg. Mechthild Gesthuisen kommt zu folgender Feststellung:

> »Es [handelt] sich um eine besondere Art des Kampfes [...], um ein Engagement von Freiwilligen und eben nicht um den Kampf der ›bravi soldati‹, der im Gegensatz zur *Resistenza* Gleichheit auf beiden Seiten impliziert.«[47]

Der Kampf der Partisanen, so Gracco, sei überlebensnotwendig und basiere nicht auf perverser Gewalt wie bei den deutschen Truppen. Ihr Kampf habe das Ziel, die Menschheit glücklich zu machen, wie die alte Frau Selva es formuliert: »Noi lavoriamo perché gli uomini siano felici. Non è per questo che lavoriamo?«[48] Das höchste Ziel der Widerstandsbewegung sei das Glück der Menschheit:

> »Bisogna che gli uomini siano felici. Che senso avrebbe il nostro lavoro se gli uomini non potessero essere felici? [...] Avrebbe un senso il nostro lavoro? [...] Niente al mondo avrebbe un senso. [...] Avrebbero un senso i nostri giornaletti clandestini? Avrebbero un senso le nostre cospirazioni? [...] E i nostri che vengono fucilati! Avrebbero un senso? Non avrebbero un

---

43 Ebd., S. 49.

44 Ebd., S. 57.

45 Mechthild Gesthuisen, *Elio Vittorini und sein literarisches Werk in der Zeit*, Wesel 1987, S. 118. Im Folgenden zitiert: Gesthuisen.

46 *UEN*, S. 56.

47 Gesthuisen, ebd.

48 *UEN*, S. 12.

> senso. [...] C'è qualcosa che avrebbe un senso? Avrebbero un senso le bombe che fabbricchiamo? [...] O avrebbero un senso i nemici che sopprimiamo? [...] No. No. Bisogna che gli uomini possano essere felici. Ogni cosa ha un senso solo perché gli uomini siano felici.«[49]

Es geht um die ethische Frage des Kampfes und um seine Zielsetzungen. Im Gegensatz zu den Soldaten zwingt die Widerstandskämpfer kein Land und kein Volk zu dem, was sie tun, zu der Bekämpfung der deutschen Besatzung. Umso mehr wiegt ihr Engagement, freiwillig ihr Leben aufs Spiel zu setzen. Dieser moralische Wert des Engagements, des »impegno«, ist in *Uomini e no* wie in vielen anderen neorealistischen Romanen ein zentrales Thema.

Die Hauptfigur N2, der Kopf der Partisanengruppe, entspricht allerdings nicht dem Idealbild eines Widerstandskämpfers. N2 ist resigniert und hat alle Hoffnungen verloren: Seine Liebe zu Berta ist unerfüllt, von ihr bleibt nichts als ein Gespenst, das durch das hinter der Tür hängende Kleid symbolisiert wird. Seine innere Einsamkeit, verdeutlicht durch das Leitmotiv des »deserto«, lähmt ihn und nimmt ihm gegen Ende jegliche Motivation für den Widerstandskampf. »Enne2 [...] porta nella lotta antifascista tutta la sua rabbia di uomo deluso e infelice [...]: la Resistenza vive in funzione del suo problema personale, non viceversa«.[50] Nach Selva kann nur derjenige für das Glück der Menschheit kämpfen, der selbst glücklich ist. N2 teilt den parteioffiziellen Zukunftsoptimismus nicht und muss scheitern. Die politische Aktivität in der Resistenza erfüllt ihn nicht mehr. Er sieht keinen Sinn mehr im Kampf, sondern hinterfragt immer wieder die Gewalt und die sinnlosen Tode der unschuldigen Zivilisten und die seiner Mitstreiter:

> »Pensava che non poteva dargli [Giulaj] nessun aiuto, pensava che mai avrebbe potuto dare aiuto a nessuno, mai c'era da dare aiuto, ed era disperato anche per lui, aveva voglia di perdersi insieme a lui, fare basta, non dover più sapere di gente che si perdeva«.[51]

Für N2 ist der »impegno« sowohl auf privater als auch auf öffentlicher Ebene aussichtslos. Diese Bewusstseinskrise führt dazu, dass er am Ende den eigenen Tod provoziert. Er wartet auf Cane Nero, den Inbegriff des Bösen, um ihn zu töten. Hierfür nimmt er seinen eigenen Tod in Kauf. Anthony M. Cinquemani spricht sogar

---

[49] Ebd., S. 12 f.
[50] Asor Rosa, S. 166.
[51] *UEN*, S. 123.

von einem Opfer, das N2 auf diese Weise vollbringt. Zu aufgesetzt und pathetisch ist sein Vergleich von der Figur N2 mit Christus:

»N2 becomes a kind of troubled Christ figure at the end of the novel, psychological participating with the condemned in their *via dolorosa* and Giulaj in his being betrayed by Manera; having this ›disciples‹ come to him in a sort of Gethsemane in which he waits for Cane Nero; ›blessing‹ the ›Magdalene‹, Lorena; ›baptizing‹ the partisan who is to carry on in his name.«[52]

Die Faschisten und Nationalsozialisten, »quegli uomini neri«,[53] werden ohne Ausnahme als skrupellos und unmenschlich beschrieben. Wenn sie nicht direkt als Täter in Erscheinung treten, so handeln sie wie etwa die deutschen oder italienischen Soldaten als verantwortungslose Mittäter. Sie alle haben weder eine Vergangenheit noch einen persönlichen Hintergrund, die sie menschlicher erscheinen lassen würden und ihre Motivation – wenn auch nur ansatzweise – erklären könnten.

Die Hauptfigur der deutschen Nationalsozialisten ist Hauptmann Clemm. Für ihn sind die Widerstandskämpfer nichts als Terroristen. Gewissenlos und Zähne knirschend, »come se rompesse noci in bocca«,[54] lässt er 110 Gefangene hinrichten, zehn für jeden von den Partisanen getöteten Deutschen. Dabei befiehlt er, auch zwei Gefangene für seine beiden umgekommenen Hunde auf die Todesliste zu stellen. Die zwei Soldaten, die Giulaj zu Hauptmann Clemm in die Kaserne bringen, lecken sich verheißungsvoll die Lippen.[55] Bevor Clemm den Maronenverkäufer Giulaj im Hof von seinen Hunden töten lässt, befragt er ihn detailliert nach seiner Vergangenheit und seiner Familie. Die Hinrichtung wird wie durch eine filmische Retardation hinaus gezögert. Umso mehr Freude hat Clemm schließlich daran, den Mann am Ende von den Hunden zerfleischen zu lassen:

»Voleva conoscere [Clemm] che cos'era quello che stava distruggendo [...]. Sembrava che volesse tutto di quell'uomo sotto i suoi colpi. Non che per lui fosse uno sconosciuto. Che fosse davvero una vita.«[56]

---

[52] Anthony M. Cinquemani, »Vittorini's *Uomini e no* and Neorealism«, in: Mario B. Mignone (Hg.), *Forum Italicum – A Journal of Italian Studies*, Vol. 17 / Nr. 2, New York 1983, S. 152 - 163, S. 160 f. [Hervorhebung im Original].

[53] *UEN*, S. 10.

[54] Ebd., S. 166.

[55] Ebd., S. 138.

[56] Ebd., S. 170.

Die rangniedrigeren Faschisten und Nationalsozialisten des Romans zeichnen sich vor allem durch Verantwortungslosigkeit und blinden Gehorsam aus. Pipino und Giuseppe-e-Maria, zwei italienische Faschisten, beschreiben Clemm als »demonio«,[57] führen aber bereitwillig seine Befehle aus. Dabei umgehen sie es jedoch, jegliche Verantwortung zu übernehmen. Wie etwa bei der Erstellung der Todesliste:

> »Lui [Pipino] non voleva prendersi la responsabilità di consegnare la gente al plotone di esecuzione. Questa era una responsabilità che toccava ai tribunali [...]. L'idea di poter consegnare al plotone di esecuzione solo degli operai sembrava confortante a Pipino, quasi liberatrice [...]. Come un male minore.«[58]

Ebenso werden die deutschen Besatzer dargestellt: In einer Bar sitzen die deutschen Soldaten, blond und blauäugig. Sie essen Schokolade und albern herum. In ihren schwarzen Uniformen wirken sie zunächst wie unschuldige Kinder, die völlig in ihre Spielchen vertieft sind:

> »Quei ragazzi biondi erano occupati completamente dalle loro tavolette di cioccolato, il milite dietro al tavolo era occupato completamente da quei ragazzi biondi, i militi intorno al cane erano completamente occupati dal cane, eppure la cosa che accadeva di sopra accadeva per via di loro, e mai avrebbe potuto accadere se tutti loro non fossero stati lì a mangiar cioccolato e giocare con un cane.«[59]

Die Männer wirken unschuldig. Und doch sind sie verantwortlich für das, was ein Stockwerk über ihnen passiert: Ihre Vorgesetzte schreiben willkürlich die Namen von 40 Gefangenen auf die Todesliste, bevor die Befehle für die Massenexekution gegeben werden:

> »Nella grande sala del primo piano si stavano scegliendo, sopra una lista di trecento nomi, quaranta nominativi di uomini da tirar fuori di cella quella stessa notte, condurre in due camion all'Arena, mettere contro un muro e fucilare. Senza interrogatorio, senza difesa, senza nemmeno una concreta accusa«.[60]

Vor diesem Hintergrund wirken ihre Spiele nicht mehr naiv und unschuldig. Ganz im Gegenteil, wie Mechthild Gesthuisen bestätigt: »Die Infantilität der deutschen

[57] Ebd., S. 146.
[58] Ebd., S. 148.
[59] Ebd., S. 77.
[60] Ebd., S. 76.

Soldaten, ihr Zeitvertreib im Spiel, macht ihre Verantwortungslosigkeit gegenüber dem eigenen Tun deutlich.«[61]

Insgesamt sind die Grenzen zwischen Widerstandskämpfern, Nationalsozialisten und Faschisten im Roman klar umrissen. Die Fronten zwischen Gut und Böse stehen sich gegenüber und bekämpfen sich. Die Gewaltanwendung auf der Seite der Bösen, der deutschen Soldaten, wird aufs Schärfste verurteilt, das Töten durch die guten Widerstandskämpfer dagegen als notwendig hingestellt. Die durch den Titel *Uomini e no* provozierte Assoziation einer Gegenüberstellung von Menschen und Unmenschen wird im Verlauf des Romans auf der realen Handlungsebene weiter unterstrichen. Allerdings macht Vittorini den Unterschied zwischen Menschen und Unmenschen nicht an Nationalitäten aus, sondern an dem Guten und Bösen im Menschen. Das Menschlich- beziehungsweise Unmenschlichsein entscheidet sich am Handeln.

In der reflexiven Ebene wird verdeutlicht, dass sowohl das Gute als auch das Böse Teile des Menschen sind und dieser zu beidem fähig ist. Dem Erzähler zufolge ist jeder, selbst der Partisan auf der vermeintlich guten Seite, fähig zum Unmenschlichsein, denn die »Möglichkeit des Schuldigwerdens ist eine menschliche Möglichkeit«.[62] Die Überlegungen drehen sich um das Menschsein und über die vorhandene Fähigkeit zum Bösen. Demnach ist nicht nur derjenige, dem Schlechtes widerfahren ist oder derjenige, der leidet, ein Mensch, wie es im Allgemeinen empfunden wird. Auch die Gegenseite, derjenige, der beleidigt und Schlechtes unternimmt, ist ein Mensch. Gerade die Tatsache, dass es Menschen sind, die schreckliche Taten begehen, ist so grausam. Doch diese Veranlagung stecke, so der Erzähler, in jedem Menschen:

> *»L'uomo si dice. E noi pensiamo a chi cade, a chi è perduto, a chi piange e ha fame, a chi ha freddo, a chi è malato, e a chi è perseguitato, a chi viene ucciso. Pensiamo all'offesa che gli è fatta, e la dignità di lui. Anche a tutto quello che in lui è offeso, e ch'era, in lui, per renderlo felice. Questo è l'uomo[...]. Ma l'offesa in se stessa? È altro dall'uomo? È fuori dall'uomo?*
>
> *Noi abbiamo Hitler oggi. E che cos'è? Non è uomo? Abbiamo i tedeschi suoi. Abbiamo i fascisti. E che cos'è tutto questo? Possiamo dire che non è, questo anche, nell'uomo? Che non appartenga all'uomo?«*[63]

[61] Gesthuisen, S. 116.
[62] Ebd., S. 146.
[63] *UEN*, S. 174 [Hervorhebungen im Original].

Auch die Unmenschlichkeit, die Affinität zur Grausamkeit, ist ein Teil des Menschen. Der Faschismus und der Nationalsozialismus lassen sich vom Menschen nicht loslösen, können als reine Ideen nicht existieren. Nicht nur dasjenige, was Mitleid erregt, ist menschlich; auch dasjenige, was zu Schrecken und Angst führt, gehört zum Menschsein. So fährt der Erzähler in einem langen Monolog voll humanitärem Pathos fort:

> »*Noi presumiamo che sia nell'uomo soltanto quello che è sofferto, e che in noi è scontato. Aver fame. Questo diciamo che è nell'uomo. Aver freddo. E uscire dalla fame, lasciare indietro il freddo, respirare l'aria della terra, e averla, avere la terra, gli alberi, i fiumi, il grano, le città, vincere il lupo e guardare in faccia il mondo. Questo diciamo che è nell'uomo.*
> *[...] Ma l'uomo può anche fare senza che vi sia nulla in lui, né patito, né scontato, né fame, né freddo, e noi diciamo che non è l'uomo.*
> *Noi lo vediamo. È lo stesso del lupo. Egli attacca e offende. E noi diciamo: questo non è l'uomo. Egli fa con freddezza come fa il lupo. Ma toglie questo che sia l'uomo?*
> *Noi non pensiamo che agli offesi. O uomini! O uomo!*
> *Appena vi sia l'offesa, subito noi siamo con chi è offeso, e diciamo che è l'uomo. Sangue? Ecco l'uomo. Lagrime? Ecco l'uomo.*
> *E chi ha offeso che cos'è?*
> *Mai pensiamo che anche lui sia l'uomo. Che cosa può essere d'altro? Davvero il lupo?*
> *Diciamo oggi: è il fascismo. Anzi: il nazifascismo. Ma che cosa significa che sia il fascismo? Vorrei vederlo fuori dell'uomo, il fascismo. Che cosa sarebbe? Che cosa farebbe? Potrebbe fare quello che fa se non fosse nell'uomo di poterlo fare?*«[64]

Alberto Asor Rosa nannte Vittorinis *Uomini e no* »un archetipo insuperato in velleitarismo moralistico«,[65] Davide Lajolo sprach von einer »billigen Propaganda«.[66] Vittorini wollte keine Einteilung in »gut« und »böse« von Deutschen und Italienern, Nationalsozialisten und Widerstandskämpfern. Allerdings gelang es ihm nicht konsequent, die gefährliche Nähe von gut und böse herauszuarbeiten. Auf der realen Handlungsebene verfiel Vittorini dem Schema einer Schwarzweißmalerei, indem er die Partisanen als gute, friedliche Menschen und die Nationalsozialisten als brutale, gewalttätige Unmenschen darstellt. So nachvollziehbar die Überlegungen der reflexiven Ebene sind, in der Handlungsebene wurden sie nicht umgesetzt. Dort gibt

---

[64] Ebd., S. 180 [Hervorhebungen im Original].

[65] Asor Rosa, S. 150.

[66] Davide Lajolo, *Kadenz des Leidens – Leben und Werk des Cesare Pavese*, Hamburg 1964, S. 278. Im Folgenden zitiert: Lajolo.

es keinen schlechten Menschen, der auch Gutes in sich trägt. Die Nationalsozialisten und Faschisten zeigen keine menschlichen Züge; die Feinde der Widerstandskämpfer werden ohne Ausnahme abwertend charakterisiert. Wirklich negative Figuren des Widerstands bietet der Roman nicht. Einzig El Paso, der inkognito aus politischen Zwecken bei Hauptmann Clemm arbeitet, ist ein Beispiel dafür, dass auch gute Menschen eine Veranlagung zum Bösen in sich tragen. Er spielt das Spiel der Feinde mit, feiert mit ihnen, lacht über ihre Witze und passt sich perfekt an. Er ist zum Unmenschlichsein fähig. Dies belegt die These, dass der Mensch beide Pole beinhaltet:

> »L'antifascismo riconosce anche al fascismo caratteri di fenomeno umano. La conclusione è che, sul piano dell'Uomo, le conversioni non sono impossibili: che l'uomo è capace di passare alla democrazia al fascismo, come dal fascismo alla democrazia, restando pur sempre nella sua essenza uguale a se stesso, cioè Uomo.«[67]

Es gibt einen Bruch zwischen der Handlungsebene und der reflexiven Ebene. Der Leser lernt engagierte Partisanen kennen, die ausnahmslos als friedlich und menschlich beschrieben werden. Auf der anderen Seite die deutschen Nationalsozialisten und italienischen Faschisten, die skrupellos und verantwortungslos Gewalt anwenden. Auf der Handlungsebene sind auch die Partisanen grausam und verüben Anschläge auf die Nationalsozialisten. Während jedoch die Hinrichtungen der Faschisten aufs Schärfste kritisiert und hinterfragt werden, so sind die Morde der Widerstandkämpfer mit ihrem Motiv, für das Glück der Menschen zu kämpfen, entschuldigt. Besonders deutlich wird der Gegensatz von gut und böse im zentralen Kapitel des Romans. Die Deutschen stellen von ihnen aus Rache ermordete Zivilisten auf dem Largo Augusto zur Schau. Wieder ist es Gracco, der nach dem Grund des Geschehens fragt. Die Toten verbildlichen den »mondo offeso«, die beleidigte und verletzte Welt. Sie sind für die Menschheit gestorben und fordern die Zuschauer zum Kampf gegen die Unmenschlichkeit auf:

---

67 Asor Rosa, S. 168.

»Egli lo sapeva, e i morti glielo dicevano. Chi aveva colpito non poteva colpire di piú nel segno. In una bambina e in un vecchio, in due ragazzi di quindici anni, in una donna, in un'altra donna: questo era il modo migliore di colpir l'uomo. Colpirlo dove l'uomo era più debole, dove aveva l'infanzia, dove aveva la vecchiaia, dove aveva la sua costola staccata e il cuore scoperto: dov'era più uomo. Chi aveva colpito voleva essere il lupo, far paura all'uomo. Non voleva fargli paura? E questo modo di colpire era il migliore che credesse di avere il lupo per fargli paura.«[68]

[68] *UEN*, S. 103.

3.2. Italo Calvino – Sein Leben und Werk

Italo Calvino zählt zu den beliebtesten und meistgelesenen Schriftstellern Italiens, der auch im Ausland große Erfolge erzielt hat. Der jüngste der in dieser Arbeit behandelten Autoren wurde am 15. Oktober 1923 in Santiago de las Vegas auf Kuba geboren. Sein Vater war ein angesehener Agrarwissenschaftler und seine Mutter Professorin für Botanik. 1925 kehrte die Familie nach Italien zurück und lebte fortan in San Remo. Dort verbrachte Italo Calvino eine unbeschwerte und beschützte Kindheit. Er begann 1942 ein Studium der Agrarwissenschaften in Turin, das er jedoch nach einem Jahr abbrach, um aktiv gegen die deutsche Besatzung zu kämpfen.

Nachdem Italien am 8. September 1943 mit den Alliierten Waffenstillstand geschlossen hatte, besetzten deutsche Truppen das Land. Italo und sein 17-jähriger Bruder Florio traten der Resistenza bei und kämpften zwanzig Monate lang in einer »Garibaldi«-Brigade in den Alpen. Während dieser Zeit wurden ihre Eltern mehrmals von den Nationalsozialisten verhaftet und verhört. Der bewaffnete Widerstand prägte Italo Calvino sehr. Die Gewalt war für ihn, der aus einer bürgerlichen Familie kam und bisher eine ruhige Kindheit und Jugend verbracht hatte, ein Schock:

> »Il trauma di Calvino è [...] duplice: anzitutto vede crollare intorno a sé il tranquillo mondo borghese con tutti i suoi valori; poi si vede scaraventato, o meglio, sceglie di entrare nell'universo irrazionale della violenza per combatterla con le sue stesse armi, sul stesso terreno. Il ragazzo che aborriva la violenza è costretto a diventare violento«.[69]

Der junge Calvino war von seinen Eltern im Sinne eines pazifistischen Antifaschismus erzogen worden. Seine Geisteshaltung richtete sich vor allem gegen den Gebrauch von Gewalt, die er nun selbst im Partisanenkampf anwenden musste:

> »Il mio tranquillo antifascismo era prima di tutto opposizione al culto della forza guerresca, una questione di stile [...], e tutt'a un tratto la coerenza con le mie opinioni mi portava in mezzo alla violenza partigiana, a misurarmi su quel metro. Fu un trauma, il primo...«.[70]

Nach Kriegsende begann Calvino ein literarisches Studium in Turin, schon 1947 schrieb er seine Dissertation über den Schriftsteller Joseph Conrad. Im damals regimekritischen Turiner Verlagshaus Einaudi fand er zunächst eine Tätigkeit als Lektor; von 1955 bis 1961 war er dort Verlagsleiter. Sein Vorgesetzter Cesare Pavese

---

[69] Bonura, S. 84 f.

[70] Calvino, »Prefazione«, S. XIX.

förderte ihn und unterstützte sein schriftstellerisches Vorhaben. Er war es auch, der Calvino 1947 zur Veröffentlichung seines ersten Romans *Il sentiero dei nidi di ragno* verhalf, für den Calvino den italienischen Literaturpreis »Premio Riccione« erhielt.

Italo Calvino trat nach Kriegsende in die Kommunistische Partei ein, in der er bis 1956 aktives Mitglied war. Er schrieb für das Parteiorgan *L'Unità* sowie für die Zeitschriften *Il Contemporaneo* und *Rinascita*. Der Autor engagierte sich sehr für die Kultur der Nachkriegszeit. So arbeitete er von 1945 bis 1947 für die von Elio Vittorini gegründete Kulturzeitschrift *Il Politecnico*. Mit jenem gab er auch von 1959 bis 1967 das Periodikum *Il Menabò di letteratura* heraus.

Calvino heiratete 1963 die Argentinierin Judith Esther Singer, mit der er im gleichen Jahr nach Paris übersiedelte. Dort lebten sie bis 1980, Calvino arbeitete hauptsächlich als Schriftsteller und knüpfte Kontakte zu französischen Semiotikern und Strukturalisten. Als er 1980 nach Italien zurückkehrte, arbeitete er für die Tageszeitung *La Repubblica*.

Am 19. September 1985 starb Italo Calvino an den Folgen eines Hirnschlags in Siena.

Die zahlreichen Werke Italo Calvinos sind sowohl inhaltlich als auch erzähltechnisch sehr unterschiedlich. Nach dem Krieg widmete er sich wie viele Schriftsteller seiner Zeit der Resistenza-Literatur. Es entstanden unter anderem die Werke *Il sentiero dei nidi di ragno* (1947) oder *Ultimo viene il corvo* (1949). Calvinos späte Werke sind der postmodernen Literatur zuzurechnen. Hierbei seien besonders die Romane *Il castello dei destini incrociati* (1969), *Se una notte d'inverno un viaggiatore* (1979) sowie *Palomar* (1983) erwähnt. Sie zeichnen sich durch ihre besondere Erzählstruktur aus und verhalfen Calvino zu internationalem Ruhm.

3.2.1. Der Roman *Il sentiero dei nidi di ragno* (1947)

Zwei Jahre nachdem der Krieg in Italien beendet war, veröffentlichte der damals 23-jährige Italo Calvino seinen ersten Roman *Il sentiero dei nidi di ragno*. Cesare Pavese nannte ihn »il piú bel racconto che abbiamo sinora sull'esperienza partigiana«.[71] In dem umfangreichen Vorwort, das Calvino zur Neuauflage von 1964 verfasste, äußerte er sich umfassend zu der Entstehungsgeschichte des Werkes.

Wie andere Schriftsteller der Nachkriegszeit wollte Calvino seine gewonnenen Erfahrungen literarisch verarbeiten und der Öffentlichkeit mitteilen. Mit *Il sentiero dei nidi di ragno* setzte er dem Widerstandskampf ein Denkmal, was seinem Verantwortungsgefühl gegenüber der jüngst erlebten Geschichte entsprach:[72] »Scrivere ›il romanzo della Resistenza‹ si poneva come un imperativo«[73] – die Erinnerung an den bewaffneten Widerstand literarisch festzuhalten war für Calvino eine Pflicht. Mit der bis 1947 erschienen Literatur konnte Calvino sich und seine Erfahrungen nicht identifizieren. Er empfand die unmittelbar nach dem Krieg entstandenen Werke als Missinterpretationen der Geschichte. In ihnen, so der Autor, werde die Resistenza entweder verleugnet oder verherrlicht. Die Schriftsteller bedienten sich dabei einer Sprache, die den Kern und den wahren Charakter des Befreiungskampfes verschleiere.[74] Calvino wollte deshalb auf eine neue Weise den bewaffneten Widerstand darstellen:

> »Volevo combattere contemporaneamente su due fronti, lanciare una sfida ai detrattori della Resistenza, e nello stesso tempo ai sacerdoti d'una Resistenza agiografica ed edulcorata.«[75]

Zwei Monate nach der Befreiung Italiens im April 1945 war bereits Elio Vittorinis Roman *Uomini e no* erschienen. So wie jener die Partisanenaktionen in Mailand in den Mittelpunkt seiner Erzählung gestellt hatte, wollte Calvino »seinen« Partisanen, mit denen er im Gebirge gekämpft hatte, einen Roman widmen: "Noi che eravamo stati partigiani di montagna avremmo voluto avere il nostro, di romanzo, con il nostro diverso ritmo, il nostro diverso andirivieni...".[76]

---

[71] Cesare Pavese, in: Ponti, S. 135.
[72] Vgl. Calvino, »Prefazione«, S. XII.
[73] Ebd.
[74] Vgl. ebd., S. XVIII.
[75] Ebd., S. XIII.
[76] Ebd., S. XII.

Der Roman *Il sentiero dei nidi di ragno* macht keine genauen Angaben über Zeit und Ort der Handlung. Den Ortsbeschreibungen zu Beginn ist aber zu entnehmen, dass es sich um ein ligurisches Städtchen am Meer handeln muss, vielleicht sogar Calvinos Heimatstadt San Remo. Die Handlung setzt im Sommer 1944 ein.[77] Hier lebt Pin, ein Waisenjunge, mit seiner Schwester Rina, einer Prostituierten. Pin führt das Leben eines Gassenjungen, der freche Lieder singt und zynisch über die Leute herzieht. Er hat keine Freunde in seinem Alter, deshalb versucht er sich mit den Erwachsenen anzufreunden, vorzugsweise mit den Männern in der Osteria. Um sie zu beeindrucken, stiehlt Pin während einer Liebesnacht seiner Schwester mit einem deutschen Matrosen dessen Pistole. Als er die Waffe stolz präsentieren will, wird er von den Männern nicht beachtet. Der Junge entschließt sich, die Pistole zu behalten und sie an einem geheimen Ort, dem »sentiero dei nidi di ragno« – dem Weg, wo Spinnen ihre Nester bauen, zu verstecken.

Pin wird von dem deutschen Matrosen des Diebstahls verdächtigt. Daraufhin wird er von der Polizei verhört und landet schließlich im Gefängnis. Hier trifft das Kind auf Partisanen und politische Gefangene. Es lernt den bekannten Widerstandskämpfer Lupo Rosso kennen, der mit ihm aus dem Gefängnis flieht. Lupo Rosso lässt Pin auf der Flucht in einem Versteck zurück. Deshalb macht Pin sich alleine auf den Weg. Unterwegs trifft er Cugino, einen Partisanen, der ihn mit sich nimmt. Sie gelangen zu Dritto und seiner Widerstandsgruppe. Hier verbringt der Junge von nun an seine Zeit.

Als eines Abends im Versteck ein Feuer ausbricht, für das Dritto verantwortlich ist, müssen alle das Lager verlassen und sich eine neue Bleibe aufbauen. Wegen des Vorfalls erscheinen zwei Partisanendirigenten, Ferriera und Kim. In dem von der Kritik viel diskutierten Kapitel IX folgt eine Diskussion zwischen den beiden Männern über die Freiheitskämpfer und über den Sinn und den Hintergrund der Resistenza.

Nach Konflikten mit Dritto, dem Führer der Bande, ergreift Pin die Flucht. Jedoch findet er in dem geheimen Versteck seine Pistole nicht mehr. Er geht zu seiner Schwester, die inzwischen zu den deutschen Nationalsozialisten übergelaufen ist. Dort findet Pin die Waffe und läuft weg. Am Ende des Romans trifft er in seiner einsamen Verzweiflung Cugino wieder, der mit ihm davon zieht.

---

[77] Anmerkung: Da die bewaffnete Resistenza nur einen Sommer erlebte und die Handlung im Sommer spielt, muss es sich um den Sommer des Jahres 1944 handeln.

Eingebettet in den historischen Kontext der Resistenza wird die Geschichte von Pin erzählt, einem Jungen auf der Suche nach Zugehörigkeit. Pin wünscht sich einen wahren Freund, dem er seinen geheimen Ort, den »sentiero dei nidi di ragno«, zeigen kann:

> »Forse un giorno Pin troverà un amico, un vero amico, che capisca e che si possa capire, e allora a quello, solo a quello, mostrerà il posto delle tane dei ragni«[78] – »Il posto dei nidi di ragno è un grande segreto e bisogna essere dei veri amici in tutto e per tutto.«[79]

Der Junge findet keine Freunde in seinem Alter, denn für die anderen Kinder ist er der Freund der Großen und außerdem der Schwächste von allen in seiner Umgebung.[80] Pin wirkt von außen betrachtet wie ein Erwachsener, vor allem durch die herben Späße und Lieder, die er mit seiner »voce rauca da bambino vecchio«[81] vorträgt. Im Innern jedoch ist er ein einsames und kleines Kind, das der Rauch in der Osteria stört, weil dieser seinen »Kinderhals« austrocknet und ihm die Tränen in die Augen treibt.[82] Den Wein, den die Männer trinken, mag er auch nicht: »È aspro contro la gola e arriccia la pelle e mette addosso una smania di ridere, gridare ed essere cattivi.«[83]

Die Waffe, die Pin dem deutschen Soldaten stiehlt, erscheint ihm wie eine Eintrittskarte in die Welt der Erwachsenen, sie vermittelt ihm ein erhabenes Gefühl: »Uno che ha una pistola vera può tutto, è come un uomo grande.«[84] Bald weiß er allerdings schon nicht mehr, was er mit der Pistole anstellen soll, schießen will er damit nach einem ersten Versuch nicht mehr: »Pin non sparerà più perché quei silenzi e quei rumori gli fanno paura.«[85] Diese Textstellen zeigen, wie ängstlich Pin in Wirklichkeit ist. Hinter seiner rauen Schale steckt ein kleiner, unsicherer Junge. Bei den Partisanen findet er auch keine wahren Freunde. Er bleibt bei ihnen aus reiner Abenteuerlust. Sie unterscheiden sich nicht von den Männern der Osteria, allerdings

---

[78] *ISDNDR*, S. 23.
[79] Ebd., S. 49.
[80] Vgl. ebd., S. 9.
[81] Ebd., S. 4.
[82] Vgl. ebd., S. 5.
[83] Ebd., S. 6.
[84] Ebd., S. 18.
[85] Ebd., S. 23.

sind die Umstände, unter denen sie leben, viel aufregender. Die Welt der Partisanen ist für Pin eine bunte und wilde Welt.[86]

Il sentiero dei nidi di ragno unterscheidet sich in vielen Aspekten von der üblichen Resistenza-Literatur, die bis 1947 entstanden war. Calvino stellt den Widerstandskampf auf eine besondere Weise dar. Er enthält sich jeglicher Beurteilung. Dies kann für die meisten Werke der Nachkriegszeit, so auch Vittorinis *Uomini e no*, nicht gelten, denn in ihnen lassen sich sehr subjektive, emotionsgeladene Bewertungen finden.

Der Autor erreicht eine objektive Schreibweise durch die ungewöhnliche Erzählperspektive: Die Handlung wird nicht aus der Sicht eines dem Autor ebenbürtigen Protagonisten erzählt, Calvino beschreibt die Geschehnisse aus dem Blickwinkel eines kleinen Jungen. Mit einem personalen, teilweise auktorialen Erzähler erlebt der Leser die Resistenza durch Pins Augen. Calvino wählte ein Kind als Perspektiventräger, um eine zu große Identifizierung als Autor mit der Hauptfigur zu vermeiden, wie es etwa bei einem Ich-Erzähler gewesen wäre. Stattdessen gelingt es ihm auf diese Weise, die eigene Vergangenheit unbefangen darzustellen:

> »Avevo provato a raccontar l'esperienza partigiana in prima persona, o con un protagonista simile a me. [...] Mi muovevo a disagio; non riuscivo mai a smorzare del tutto le vibrazioni sentimentali e moralistiche; veniva fuori sempre qualcosa stonatura; la mia storia personale mi pareva umile, meschina; ero pieno di complessi, d'inibizioni di fronte a tutto quel che più mi stava a cuore.«[87]

Der Autor wollte etwas festhalten, was er selbst erlebt hatte. Er musste einen anonymen Erzähler wählen; die Distanz zur eigenen Vergangenheit, die er zum Schreiben brauchte, war auf andere Weise einfach nicht gegeben.

> »La segreta aspirazione di Calvino [...] è di ›cancellare‹ se stesso, di non sovrapporre cioè il suo ›io-lirico-intellettuale‹ con tutto il carico di cultura [...] all'io collettivo. Insomma, per non cadere nell'autobiografismo patetico, né del documento, Calvino si fa narratore anonimo.«[88]

Je mehr Calvino innerlich durch diese Erzählform von dem selbst Erlebten abrückte, umso besser konnte er seine Sicht der Dinge darstellen: »Quanto più era

[86] Ebd., S. 83.
[87] Calvino, »Prefazione«, S. XIX f.
[88] Bonura, S. 85.

oggettivo e anonimo, tanto più era mio.«[89] Calvino brauchte einen Protagonisten, der den Befreiungskampf auf die gleiche Weise erlebte, wie er selbst sie erfahren hatte, ohne jedoch eine zu große Identifizierung zuzulassen. So fiel seine Wahl auf Pin:

»Per non lasciarmi mettere in soggezione dal tema, decisi che l'avrei affrontato non di petto ma di scorcio. Tutto doveva essere visto dagli occhi d'un bambino, in un ambiente di monelli e vagabondi. Inventai una storia che restasse in margine alla guerra partigiana, ai suoi eroismi e sacrifici, mal nello stesso tempo ne rendesse il colore, l'aspro sapore, il ritmo ...«.[90]

Die naive Sicht des Kindes, das dem Befreiungskampf und der Gewalt begegnet, korrespondiert mit den Erfahrungen Calvinos als Bürgerlichem.[91] So wie Pin stand auch er selbst der brutalen Realität des Widerstands zunächst unschuldig und verständnislos gegenüber. Der kindliche Protagonist sollte *Il sentiero dei nidi di ragno* keineswegs zu einer Kindergeschichte machen. Der Autor wählte die Figur bewusst, um durch sie auf wirkungsvolle Weise eine andere Resistenza – seine Resistenza – zu beschreiben:

»Non è [...] un racconto fresco e ingenuo fatto da un bambino, ma una costruzione consapevolmente elaborata da un intellettuale che vuol fare vedere il mondo come se fosse visto per la prima volta.«[92]

Ein Grund für die Wahl des personal-auktorialen Erzählers betraf die Perspektive auf die Geschehnisse. Calvinos eigener Blick war nur eingeschränkt. »La guerra partigiana è apparsa a Calvino come ad altri un' epopea«.[93] Zu groß und zu vielseitig war der Partisanenkampf, als dass die eigene Sicht in Form einer Ich-Perspektive ihn in seiner Vielfalt hätte darstellen können:

»Non accettava la parzialità della propria visione, che in lui si configurava come una banalizzazione, una riduzione di quello che sapeva essere stato molto di più della propria esperienza.«[94]

Der Autor wählte eine für die Resistenza-Literatur ungewöhnliche Hauptfigur. Pin ist weder ein Widerstandskämpfer, noch versteht er überhaupt etwas von Krieg oder Politik. Im Roman entstehen durch Pins Naivität oft ironische Situationen, mit denen

[89] Calvino, »Prefazione«, S. XX.
[90] Ebd., S. XII.
[91] Vgl. ebd., S. XX.
[92] Cristina Benussi, *Introduzione a Calvino*, Roma / Bari 1989, S. 10.
[93] Falaschi, *La letteratura partigiana*, S. 14.
[94] Ders., *La resistenza armata nella narrativa italiana*, Turin 1976, S. 99.

Calvino am Mythos des italienischen Widerstands kratzt. Dessen Ideale werden nicht mehr ernst genommen, sondern in kindlicher Weise unschuldig hinterfragt. So etwa, als ein Mitglied der Brigade Pin die Ideologie der Partisanen erklärt:

> »A un partigiano non si domanda mai: chi sei? Sono figlio del proletariato, rispondigli, la mia patria è l'Internazionale, mia sorella è la rivoluzione.
> Pin lo guarda di sbieco, ammiccando: – Che? La conosci anche tu mia sorella?«[95]

Il sentiero dei nidi di ragno enthält neben den ironischen Textstellen viele märchenhafte Elemente. Calvino selbst erlebte die Resistenza als »favola grande«.[96] Die Wahl auf ein Kind als Perspektiventräger ist nur ein Aspekt des »favola«-Topos. Pin formt sich die Welt zu einem großen Spiel. Alles, was er nicht versteht oder ihn emotional zu stark berühren könnte, kehrt er zu einem Abenteuer um: »Pin tende a interpretare qualsiasi accadimento a partire dalla propria esperienza ridotta e inconsapevole, a trasformare la realtà che non conosce in un gioco meraviglioso«.[97] In diesem Zusammenhang sind die Naturbeschreibungen sehr auffallend. Die Partisanen leben unmittelbar in der Natur – in den Wäldern, die romantisch und märchenhaft beschrieben werden.[98] Auch die Decknamen der Partisanen klingen wie Namen aus einem Märchen: Lupo Rosso, il Dritto, Cugino, Mancino, Berretta-di-Legno, um nur einige Beispiele zu nennen. Ein weiteres Märchenmotiv, das an die Geschichte von »Hänsel und Gretel« erinnert, taucht auf der Flucht aus dem Gefängnis auf: Als Pin Lupo Rosso nicht mehr findet, macht er sich auf den Weg zu seinem Pistolenversteck und hinterlässt dabei Kirschkerne, damit sein Freund ihn später wiederfinden kann.

Der »sentiero dei nidi di ragno«, der Weg, an dem Spinnen ihre Nester bauen, stellt für Pin einen mythischen und verzauberten Ort dar, an dem Wunder geschehen: »Questi sono posti magici, dove ogni volta si compie un incantesimo.«[99] Pins Pistole, die er an diesem Ort versteckt hält, ist ebenfalls ein fabelhaftes Element: Es ist sein Talisman,[100] ein Glücksbringer, der dem Jungen Zugang in die Welt der Erwachsenen verschaffen soll. Alle diese Motive des Wunderbaren und Mystischen werden durch

95 *ISDNDR*, S. 64.
96 Contardo Calligaris, *Italo Calvino*, Mailand 1973, S. 9. Im Folgenden zitiert: Calligaris.
97 Ponti, S. 49.
98 Vgl. *ISDNDR*, z. B. S. 72.
99 Ebd., S. 156.
100 Vgl. Calligaris, S. 11.

Pins kindliche Perspektive evoziert, sie erlaubt auch jegliche Verzerrung der Realität.[101] Nach Cristina Benussi verhelfen die Märchenmotive dem Roman zu einer fast kinematographischen Visualität.[102]

Cesare Pavese, der Calvino zur Veröffentlichung des Romans verhalf, hob die Fabelhaftigkeit hervor, mit der Calvino *Il sentiero dei nidi di ragno* zu einem anderen, herausragenden Resistenza-Roman macht:

> »L'astuzia di Calvino, scoiattolo della penna, è stata questa, di arrampicarsi sulle piante, piú per gioco che per paura, e osservare la vita partigiana come una favola di bosco, clamorosa, variopinta, ›diversa‹«.[103]

3.2.2. Die Darstellung der Resistenza in *Il sentiero dei nidi di ragno*

Obwohl *Il sentiero dei nidi di ragno* eindeutig zur Resistenza-Literatur gezählt wird, thematisiert Italo Calvino weniger den bewaffneten Widerstand selbst, als eher seinen Sinn und die Motivation der Kämpfer: »Viene raccontata [la Resistenza] non tanto come lotta al fascismo quanto come dibattito sul senso della Storia.«[104]

Die eigenen Kriegserfahrungen waren für den Autor mit der bis 1947 entstandenen Widerstandsliteratur nicht vereinbar. So leistete er seinen persönlichen Beitrag und schrieb *Il sentiero dei nidi di ragno.* Was die Darstellung der Freiheitskämpfer betrifft, geht Calvino in dem Roman neue Wege: Die Protagonisten der meisten Resistenza-Erzählungen sind positive Helden, die gegen das Böse in Form des Faschismus kämpfen. Calvino hingegen stellt weder die Hauptperson Pin als Helden dar noch präsentiert er einen solchen im gesamten Buch. Ganz im Gegenteil sogar: Der Protagonist seines Romans ist ein kleiner Junge, der keine bewundernswerten, noch nicht einmal besonders positive Eigenschaften oder Qualitäten besitzt. Pin hat kein politisches Bewusstsein und vom Krieg versteht er absolut nichts:

> »Avere dei nemici, un senso nuovo e sconosciuto per Pin. [...] Non c'era quell'amara voglia di nemici, quel desiderio che non lascia dormire alla notte. Pin non sa ancora cosa vuol dire: avere dei nemici.«[105]

---

[101] Vgl. ebd., S. 10.
[102] Vgl. Benussi, S. 12.
[103] Cesare Pavese, zitiert nach: Ponti, S. 135.
[104] Benussi, S. 5.
[105] *ISDNDR*, S. 72 f.

Der Junge kann mit der Sprache der Resistenza nichts anfangen. Für ihn klingen Wörter wie »GAP«, »Comitato« oder »SIM« geheimnisvoll und rätselhaft. Wie durch die bereits angesprochenen ironischen Elemente entmystifiziert Calvino sie auf diese Weise:

> »Un'altra parola misteriosa: *sim*! *gap*! Chissà quante parole così ci saranno: a Pin piacerebbe saperle tutte.«[106] – »Per Pin le parole nuove hanno sempre un alone di mistero, come se alludessero a qualche fatto oscuro e proibito.«[107]

Der Roman schildert keine direkten Kampfszenen. Pin erlebt die Partisanen gemeinsam mit dem Leser in ihrem Versteck auf eine ganz menschliche und private Art. Selbst noch zu jung, um mitzukämpfen, lernt er ihren Alltag kennen und sieht, wie sie sich »zuhause«[108] benehmen: »Schon durch diesen unmittelbaren menschlichen Kontakt Pins mit den Partisanen scheint sein Blickwinkel zur Bildung eines Heldenmythos denkbar ungeeignet.«[109] Pin bleiben »die politischen Hintergründe der Resistenza begreiflicherweise fremd; für ihn zählen allein die menschlichen Erfahrungen im beschränkten Bereich des Partisanenlagers.«[110] Weder die Männer der Osteria noch die im Widerstand Aktiven, denen sich Pin anschließt, sind Helden oder werden als solche vom Autor dargestellt. Sie sind Randgestalten der Gesellschaft, die von geistiger und physischer Rohheit gezeichnet sind:

> »Mentre i romanzi della Resistenza e sulla Resistenza cominciavano in genere con la presentazione di eroi ›positivi‹ impegnati a combattere il nazifascismo, Calvino inizia il suo romanzo presentando un personaggio negativo, per di più tratto dall'ambiente della malavita, dell'abiezione fisica e morale di un'umanità che ha come solo valore la dignità paradossale di essere ai margini: antiborghese, antifascista, antiliberale, antitutto insomma.«[111]

Die Brigade um Dritto wird als bunte Truppe dargestellt, als »un multicolore e composito personaggio collettivo«,[112] deren Mitglieder wie Karikaturen agieren und ihre Makel und menschlichen Schwächen haben. Die Männer haben weder eine soziale Verankerung in der Gesellschaft noch sind sie besonders politisch interessiert. Dies war auch in der Realität der Fall:

---

[106] Ebd., S. 36.

[107] Ebd., S. 12 [Hervorhebungen im Original].

[108] Vgl. Susanne Eversmann, *Poetik und Erzählstruktur in den Romanen Italo Calvinos*, München 1979, S. 47.

[109] Ebd.

[110] Ebd.

[111] Bonura, S. 45 f.

[112] Ponti, S. 66.

»La Resistenza è stata fatta da autentici eroi, con tetragoni ideali marxisti, ma anche da gente che non aveva alcuna idea politica, se non quella che si estrinsecava dalla necessità istintiva di sentirsi libera. Questo è il messaggio di Calvino«.[113]

Calvino verherrlicht die Widerstandskämpfer nicht und verfällt somit auch keiner Schwarzweißmalerei. Für ihn stehen die Protagonisten nicht in ihrer Funktion als Widerstandskämpfer im Mittelpunkt, sondern als Menschen. Die Partisanen sind keine selbstlosen Kämpfer gegen den Faschismus; sie werden nicht glorifiziert. Damit begeht Calvino einen Bruch mit der traditionellen Widerstandsliteratur. Und dies war auch seine Absicht:

»Io vi scrivo una storia di partigiani in cui nessuno è eroe, nessuno ha coscienza di classe. [...] E sarà l'opera più positiva, più rivoluzionaria di tutte! Che ce ne importa di chi è già un eroe, di chi ha la coscienza ce l'ha già? È il processo per arrivarci che si deve rappresentare! Finché resterà un solo individuo al di qua della coscienza, il nostro dovere sarà di occuparci di lui e solo di lui!«[114]

Calvinos Ziel war es nicht, die Mitglieder des Befreiungskampfes als unantastbare Idole zu rühmen und emporzuheben. Die Männer, die freiwillig ihr Leben aufs Spiel setzten, und die antifaschistische Bewegung hatten ihn tief beeindruckt, schließlich hatte er alles selbst erlebt. Doch er wollte nicht wie viele Schriftsteller der üblichen Idealisierung verfallen. Der Autor wusste, dass eine Verklärung der Resistenza ein authentisches Bild von ihr unmöglich machen würde.

Die zentrale Stelle in *Il sentiero dei nidi di ragno*, in der explizit über die Partisanen und den Befreiungskrieg reflektiert wird, ist das Kapitel IX. Hier diskutieren Ferriera und Kim, ein Arbeiter und ein Medizinstudent, beide tätig als Resistenza-Dirigenten, über die Widerstandsbewegung und ihre Hintergründe. Dies ist die einzige Stelle im Text, an der das Thema Widerstand direkt angesprochen wird. Viele Literaturkritiker sehen dieses Kapitel als Stilbruch an. Der Leser, der bisher die Handlung durch Pins Augen verfolgt hat, werde plötzlich mit einem Perspektivwechsel konfrontiert. Nicht mehr Pin, sondern Kim fungiert in diesem Abschnitt als Focus. Doch diese andere Sichtweise ermöglicht dem Rezipienten ein neues Verständnis des Romans, es ist »un'altra possibile chiave di lettura dell'opera.«[115] Italo Calvino machte diesen Ein-

[113] Bonura, S. 86.
[114] Calvino »Prefazione«, S. XIV.
[115] Ponti, S. 52.

schub eines reflexiven Kapitels in die Erzählung, um abseits der Handlung theoretische Gedanken über die Resistenza zu äußern. Für diese wäre Pin nicht geeignet gewesen. Der Verfasser selbst sieht das Kapitel IX als ein eingeschobenes Vorwort in der Mitte des Romans.[116] Dies veranlasste die Literaturkritik dazu, Kims Ansichten mit Calvinos Meinung gleichzusetzen. So empfindet auch Annalisa Ponti: »Kim è il riflesso di Calvino intellettuale borghese«.[117] Sie sieht eine Parallele zwischen Kim, Pin und dem Autor selbst:

> »Kim è un po' anche Pin, ma reso piú consapevole dalla forza dell'intelligenza e della morale; e entrambi i personaggi sono Calvino [...], di fronte a se stesso e alla realtà degli altri uomini.«[118]

Der Kommissar Kim denkt über die Partisanen nach und kommentiert die Situation Pins, die für den Leser nun erstmals in einem anderen Licht gesehen wird. Die Resistenza wird in einem höheren Zusammenhang dargestellt, nachdem sie bislang nur Hintergrund und Kulisse für die Geschichte um Pin darstellte. Das Thema der Diskussion zwischen Kim und Ferriera bildet einerseits die Frage nach der individuellen Motivation der Männer, aktiv am Widerstand teilzunehmen und andererseits das Phänomen einer kollektiven Bewegung insgesamt. Kim interessiert sich für den humanen Aspekt der Resistenza. Er sucht die Gründe, die einen Menschen dazu veranlassen, aktiv dem Widerstand beizutreten und Gewalt gutzuheißen. Für ihn gibt es keinen Unterschied zwischen den Beweggründen der Partisanen und denen der Faschisten und Nationalsozialisten in den Kampf zu ziehen. Beide Fronten haben die Berechtigung, für etwas zu kämpfen und notfalls auch dafür zu sterben. Die Motivation sei, so Kim, auf allen Seiten dieselbe: Prinzipiell gehe es immer um das eigene Leben, das die Menschen verbessern wollen: »Tutti abbiamo una ferita segreta per riscattare la quale combattiamo.«[119] Hass und Gewalt gebe es auf beiden Fronten; der einzige Unterschied liege in den Zielen des Kampfes. Die Menschen, so Kim weiter, haben entschieden, auf der einen oder der anderen Seite zu kämpfen. Die Partisanen auf der »richtigen«, die Faschisten auf der »falschen« Seite: »Qui si è nel giusto, là nello sbagliato. Qua si risolve qualcosa, là ci si ribadisce la catena.«[120] Durch das Mittel der Gewalt auf beiden Seiten liegen die Grenzen

[116] Vgl. Calvino »Prefazione«, S. X.
[117] Ponti, S. 53.
[118] Ebd., S. 54.
[119] *ISDNDR*, S. 117.
[120] Ebd., S. 114.

zwischen gut und böse eng beieinander. Kim alias Calvino zieht nicht von vorne herein Grenzen zwischen den »Guten« und den »Bösen«, sondern verweist auf die Gefahr der gemeinsamen Motivation:

> »Il romanzo non impoverisce i suoi significativi etici entro un arido manicheismo ideologico, non impone definizioni a priori di ciò che è per natura buono o cattivo; al contrario continuamente ci mostra la pericolosa vicinanza del bene e del male«.[121]

Das Kapitel IX macht deutlich: Hass und Gewalt gibt es auf beiden Seiten. Calvino sucht identische Ansätze und Kontaktpunkte beider Gegner, anstatt sie einander feindlich gegenüberzustellen und ihre Divergenzen zu unterstreichen.[122] Zu diesem Zweck ist Pin der ideale Perspektiventräger. Als Kind kann er die Menschen – ob Freund, ob Feind – nicht nach ihren politischen Ideen beurteilen und dementsprechend kategorisieren. Für ihn zählen der Charakter und die Art, auf die sich die betreffenden Personen ihm gegenüber verhalten. Das allein entscheidet über Sympathie oder Abneigung.

So wenig Calvino die Partisanen einseitig als absolute Helden darstellt, so vermeidet er es, bei der Beschreibung und Darstellung der Faschisten und Nationalsozialisten der in der Widerstandsliteratur oft anzutreffenden Schwarzweißmalerei zu verfallen. Der Autor unterscheidet als Erzähler zwischen deutschen Nationalsozialisten und italienischen Faschisten:

> »I tedeschi non capiscono quello che si dice, i fascisti sono gente sconosciuta, gente che non sa nemmeno chi è la sorella di Pin. Sono due razze speciali: quanto i tedeschi sono rossicci, carnosi, imberbi, tanto fascisti sono neri, ossuti, con le facce bluastre e i baffi da topo.«[123]

Der Erzähler vermeidet es, die Figuren aufgrund ihrer Parteizugehörigkeit zu beurteilen. Primär sieht und beschreibt er den Menschen, der dahinter steckt. Der deutsche Soldat Frick etwa, der Pins Schwester des Öfteren einen Besuch abstattet, wird nicht aufgrund seiner politischen oder ideologischen Gesinnung charakterisiert, sondern zunächst anhand seines Auftretens:

> »Quel giorno il marinaio tedesco veniva su di cattivo umore. Amburgo, il suo paese, era mangiato dalle bombe ogni giorno, e lui aspettava notizie ogni giorno di sua moglie, dei suoi bambini. Aveva un temperamento affettivo, il

---

[121] Ponti, S. 61.
[122] Vgl. ebd., S. 60 f.
[123] *ISDNDR*, S. 27.

> tedesco, un temperamento da meridionale trapiantato in un uomo del mare del Nord.«[124]

Frick wird als Mann beschrieben, der wie alle unter dem Krieg leidet und der seine Familie in Deutschland vermisst. Anders als Vittorinis Hauptmann Clemm handelt es sich bei diesem Deutschen nicht um einen kalten und gefühllosen Unmenschen, sondern um eine Persönlichkeit mit Gefühlen, mit einer Geschichte. Frick wird nicht für die Grausamkeiten des Kriegs verantwortlich gemacht; Calvino versucht sogar, sein Verhalten zu entschuldigen. Er erscheint als »una persona di buoni e semplici sentimenti, sradicata dalla propria famiglia a causa di una guerra che non convide.«[125] Italo Calvino widersteht ein weiteres Mal der wertenden Haltung der Resistenza-Literatur. Er protestiert gegen eine Pauschalisierung der Kämpfenden beider Seiten. Er will weder Partisanen verherrlichen noch deutsche Soldaten und italienische Faschisten als kalte und unberechenbare Mörder darstellen. Es kommt ihm auf die beiden Pole von gut und böse an, die seiner Meinung nach jeder Mensch in sich trägt. Im Vergleich zu Vittorini gelingt ihm eine glaubwürdige Darstellung dieser These.

Die Resistenza wird in *Il sentiero dei nidi di ragno* bunt und facettenreich dargestellt. Calvino hebt sie von ihrem Sockel, um ihre wirklichen Seiten aus der Nähe zu betrachten. Denn ein einziges, wahres Bild der Widerstandsbewegung gibt es nicht: »Calvino represents the history of the Resistance as a series of interpretive enigmas, and [...] portrays the ›truth‹ of the Resistance as a question mark.«[126]

---

[124] Ebd., S. 7 f.
[125] Ponti, S. 61.
[126] Re, S. 231.

3.3. Cesare Pavese – Sein Leben und Werk

Am 9. September 1908 wurde Cesare Pavese in Santo Stefano Belbo im Piemont geboren. Sein Vater, ein Justizbeamter, starb bereits 1914. Daraufhin übernahm die sehr strenge Mutter die Erziehung. Die Familie verbrachte ihre Ferien immer wieder in den Langhe. Die ländliche Umgebung mit ihren Hügeln und Weinbergen prägte Pavese so sehr, dass er sie immer wieder zum Schauplatz seiner Werke machte. Zugleich wurde dieser Ort für ihn zu einer mystischen Zuflucht vor seinen Problemen.

Sein 1927 in Turin begonnenes Literaturstudium schloss Pavese 1932 mit einer Abschlussarbeit über den nordamerikanischen Schriftsteller Walt Whitman ab. Es folgten zahlreiche Übersetzungen amerikanischer Schriftsteller ins Italienische, darunter *Moby Dick* von Herman Melville sowie Werke von James Joyce, John Steinbeck und Charles Dickens. Daneben finanzierte er sich zunächst mit kritischen Aufsätzen seinen Lebensunterhalt. Im Jahre 1934 begann seine Mitarbeit an der von Giulio Einaudi herausgegeben Zeitschrift *Cultura.*

Cesare Pavese hatte in Turin viele Freunde, die im antifaschistischen Untergrund tätig waren. Hierzu zählten unter anderem Leone Ginzburg, Mario Sturanti, Giulio Einaudi und Norberto Bobbio. Er selbst nahm jedoch nie aktiv an ihrer politischen Arbeit teil. Trotzdem wurde er am 15. Mai 1935 wegen seines antifaschistischen Freundeskreises verhaftet. Nach zwei Monaten Gefängnis wurde Pavese zu drei Jahren Verbannung in Brancaleone in Kalabrien verurteilt, von denen ihm schließlich zwei Jahre erlassen wurden. Das Exil und die Einsamkeit waren für Pavese eine fundamentale Erfahrung: »Il confino [...] fu un'esperienza piú preclusiva e patita che non un acquisto di realtà, e di nuovi valori, umani e sociali.«[127] Am 17. März 1936 kehrte er wieder nach Turin zurück. Er veröffentlichte seinen ersten Roman *Il carcere* (1938/1939), in dem er seine Erfahrungen der Verbannung verarbeitete.

Am 8. September 1943 wurde Italien von deutschen Truppen besetzt. Cesare Pavese schloss sich nicht wie seine Turiner Freunde dem bewaffneten Widerstand an, sondern floh zu seiner Schwester Maria nach Serralunga. Hier lebte er zurückgezogen bis zum Kriegsende. In Casale Monferrato arbeitete er unter falschem Namen in einem

[127] Armanda Guiducci, *Invito alla lettura di Cesare Pavese*, Mailand ²1974, S. 33. Im Folgenden zitiert: Guiducci.

Konvikt als Lehrer. Als der Krieg 1945 beendet war, kehrte Pavese nach Turin zurück. Viele seiner Freunde hatten ihren Widerstand gegen die Besatzungsmacht mit dem Leben bezahlen müssen. Der Autor litt unter Schuldgefühlen, sich nicht an der Resistenza beteiligt zu haben. Als eine Art »Wiedergutmachung« und »Solidaritätsbekundung«[128] gegenüber den aktiv gewesenen Freunden trat er in die Kommunistische Partei ein. Dort schrieb er für das Parteiorgan *L'Unità* und lernte Italo Calvino kennen. Pavese fand jedoch nie wirklich Anschluss in seinem sozialen Umfeld. Das große Verantwortungsbewusstsein und die starke politische Beteiligung der Einwohner Turins machten ihm seine eigene Passivität und Isolation noch mehr bewusst und setzten ihn unter Druck. Pavese litt unter der Unfähigkeit, als Intellektueller politische Verantwortung zu übernehmen. Dies führte ihn in eine schwere Depression, die seine Werke widerspiegeln. Durch diesen Pessimismus entfernte er sich inhaltlich von der aktiven neorealistischen Kunstrichtung:

> »Paveses Pessimismus steht dem ›engagement‹ [*sic*] der Neorealisten diametral entgegen; was ihn vollends von ihnen distanziert, ist die Bedeutung, die Kindheit und Erinnerung in seinem Werk zukommt und die eher auf Realitätsflucht hinweist.«[129]

Pavese war einsam. Seine Freundschaften mit Frauen verliefen stets unglücklich. Seine letzte Geliebte, die amerikanische Schauspielerin Constance Dowling, verließ ihn 1950 und kehrte in die USA zurück; Pavese überwand die Trennung nie. Ihr hatte er den Gedichtband *Verrà la morte e avrà i tuoi occhi* (1951) gewidmet. Die Kontaktarmut des Schriftstellers und seine unerfüllte Sexualität ließen ihn immer tiefer in Depressionen sinken. Selbst die Verleihung des Literaturpreises »Premio Strega« konnte ihn nicht mehr aufbauen. In seinem Tagebuch notierte er am 18. August 1950, wenige Tage vor seinem Tod: »Tutto questo fa schifo. Non parole. Un gesto. Non scriverò più.«[130] In der Nacht vom 27. auf den 28. August 1950 nahm sich Pavese im Alter von 42 Jahren in einem Turiner Hotel das Leben.

Pavese hinterließ neben Übersetzungen und Aufsätzen viele Romane und Gedichte. Das Thema Einsamkeit und Isolation durchzieht leitmotivisch alle Werke. Aufschlussreich über sein Leben und Denken ist das bis zu seinem Tod geführte

---

[128] Verena Lenzen, *Cesare Pavese – Tödlichkeit in Dasein und Dichtung*, München 1989, S. 85 f. Im Folgenden zitiert: Lenzen.

[129] Irène Hofer, *Das Zeiterlebnis bei Cesare Pavese und seine Darstellung im dichterischen Werk*, Winterthur 1965, S. 22.

[130] Cesare Pavese, *Il mestiere di vivere 1935-1950* (1952), Turin 1990, S. 400.

Tagebuch, das unter dem Titel *Il mestiere di vivere* posthum im Jahre 1951 veröffentlicht wurde.

3.3.1. Der Roman *La casa in collina* (1948)

Der Kurzroman *La casa in collina* wurde von Cesare Pavese zwischen September 1947 und Februar 1948 verfasst und Ende des gleichen Jahres zusammen mit dem Roman *Il carcere* (1938/39) in dem Erzählband *Prima che il gallo canti* veröffentlicht.

Der Roman besteht aus 23 Kapiteln. Die Handlung spielt vor dem Hintergrund des Zweiten Weltkriegs und ist in den letzten zwei Kriegsjahren in Italien anzusiedeln. Zu Beginn der Erzählung, im Sommer 1943, wird Italien von den Alliierten bombardiert. Der Hauptprotagonist und Ich-Erzähler Corrado, ein 40-jähriger Lehrer für Naturwissenschaften, lehrt an einer Schule in Turin. Jeden Abend kehrt er aus Angst vor den Fliegerangriffen auf die umliegenden Höhen zurück. Dort wohnt er zur Untermiete bei zwei Frauen, Mutter und Tochter, die ihn umsorgen. Die Tochter, Elvira, ist heimlich in Corrado verliebt. Dieser spürt, erwidert ihre Gefühle jedoch nicht. Corrado lebt einsam und zurückgezogen auf den Hügeln. Von hier aus sieht und hört er die Bombenangriffe der Alliierten und erlebt, wie Turin in Flammen aufgeht. Den Krieg erfährt der Protagonist aus einer räumlichen Distanz, die seinen persönlichen Abstand und seine Gleichgültigkeit zu den Geschehnissen metaphorisch widerspiegelt:

> »Der Hügel und, pars pro toto, das Haus auf dem Hügel stehen entsprechend für eine zeitlose und geschichtslose Welt, von der aus der Erzähler, von seinem Standpunkt ›au-dessus de la mêlée‹, auf die Welt der Geschichte, auf die Stadt, hinabblickt.«[131]

Bei einem seiner abendlichen Spaziergänge mit dem Hund Belbo trifft Corrado auf eine Gruppe junger Leute, die sich Schutz suchend täglich im Gasthaus »Le Fontane« trifft. Angelockt von ihren Liedern und ihrem Lachen geht er zu ihnen. Die antifaschistische Gruppe diskutiert über Politik, hört englische Radiosender und legt – so erfährt der Leser später – im Keller des Gasthauses ein Waffenlager an. Unter ihnen ist auch Cate, eine junge Frau, mit der Corrado vor vielen Jahren ein Verhältnis

[131] Dietrich Schlumbohm, *Die Welt als Konstruktion - Untersuchungen zum Prosawerk Cesare Paveses*, München 1978, S. 173. Im Folgenden zitiert: Schlumbohm.

hatte. Er hatte sie damals schlecht behandelt, woraufhin sie ihn verließ. Cate hat einen Sohn namens Dino, der Corrados Sohn sein könnte, zumal er seinen Namen – Dino als Diminutiv von Corrado – trägt. Cate weicht jedoch seinen Fragen bezüglich der Vaterschaft aus und behauptet, Dino sei nicht sein Sohn. Corrado kommt immer wieder zu der Gruppe, um mit ihnen zu diskutieren. Er freundet sich mit dem Jungen an und unternimmt mit ihm Wanderungen in die Natur.

Die politische Lage verfinstert sich im zehnten Kapitel: Es ist der 8. September 1943, der Tag des Waffenstillstands. Deutsche Truppen besetzen Italien und der bewaffnete Widerstand formiert sich. Auch die Gruppe der »Fontane« beteiligt sich aktiv an der Resistenza, indem sie Streiks in der Stadt organisiert. Corrado jedoch bleibt passiv und nimmt lediglich weiterhin an ihren Diskussionen teil. Eines Tages sieht er, wie seine Freunde der Osteria von deutschen Truppen verhaftet und abtransportiert werden. Zurück bleibt lediglich Dino. Corrado flieht mit ihm in ein benachbartes Kloster. Dort leben sie für einige Zeit. Als es für Corrado auch im Kloster gefährlich wird, da eine Durchsuchung von Faschisten bevorsteht, flieht er ohne den Jungen und kehrt für einige Tage zu den beiden Frauen in das Haus auf den Höhen zurück. Dort erfährt er, dass Dino nach seiner Flucht das Kloster ebenfalls heimlich verlassen hat. Er ahnt, dass der Junge sich den Partisanen um Fonso, einen der Männer der Osteria, anschließen will.

Nach einiger Zeit kehrt Corrado nach Chieri zurück. Doch diesmal erträgt er die Abgeschiedenheit, die er einst gesucht hat, nicht mehr. Die Ruhe im Kloster isoliert ihn völlig von der Außenwelt, wird für ihn zu einem Grab. Zudem kommen Schuldgefühle wegen der eigenen politischen Passivität ihn ihm auf. Er macht sich auf den Weg in sein Heimatdorf in den Langhe. Unterwegs trifft er auf Gewalt, Terror und Tote. Der Krieg hat auch vor seiner Heimat und seinen Kindheitserinnerungen nicht Halt gemacht. Corrado denkt über seine Situation nach und erkennt die Sinnlosigkeit des Kriegs.

La casa in collina hat ein offenes Ende. Die Hauptfigur Corrado vollzieht zwar keine äußere Wandlung, indem er auch politisch aktiv wird. Aber er durchläuft zumindest eine innere Veränderung: Er erkennt, dass der Mensch Stellung beziehen und dem Krieg ins Gesicht sehen muss anstatt weiterhin so zu leben, als wäre nichts geschehen. Durch seine Freunde der Osteria ist Corrado aufgewacht. Er hat gemerkt, dass der Krieg und die Gewalt jeden Menschen an jedem Ort angehen. Es gibt keinen

Zufluchtsort, der ihn abschirmen kann, auch nicht sein Heimatdorf, der Ort seiner Erinnerung.

Der Roman gilt als Paveses autobiographisches Selbstzeugnis über seine Zeit zwischen 1943 und 1945. Pavese beteiligte sich selbst nicht aktiv im Widerstand, sondern floh zu seiner Schwester in die Berge nach Serralunga, wo er bis zum Kriegsende blieb. Mit dem Protagonisten Corrado beschreibt Pavese in der Ich-Form seine eigene Geschichte. In ihm spiegeln sich die Probleme, die der Autor mit sich und der Welt hatte und die sich wie ein roter Faden durch sein gesamtes Leben zogen: Kontaktarmut, Einsamkeit, Isolierung von der Umwelt und die daraus folgende Unfähigkeit, politisch aktiv zu werden.

Der Roman wurde 1948 mit der Erzählung *Il carcere* (1938/39) unter dem Titel *Prima che il gallo canti* veröffentlicht. Dieser Titel ist eine biblische Anspielung auf das Verrätermotiv. Ehe der Hahn kräht, wird im Neuen Testament Jesus von Petrus verraten und verleugnet. Auch die Hauptfigur aus *La casa in collina*, Corrado, begeht einen Verrat – er verrät ein Ideal: die Resistenza. Cesare Pavese fühlte sich selbst auch des Treuebruchs schuldig. Seine Turiner Freunde hatten sich dem Widerstand angeschlossen. Er hingegen konnte die Diskrepanz zwischen seinem Intellektuellen-Dasein und dem kommunistischen Befreiungskampf nicht überwinden. Diese Passivität hielt er sich nach dem Krieg vor; er konnte sich dieser Vorwürfe nie entledigen. Davide Lajolo, ein enger Freund Paveses, beschreibt die Gefühle des Dichters nach der Befreiung Italiens:

> »Die Freude, die nun alle durchströmte, isolierte ihn jetzt noch mehr. Wie er Leiden und Kämpfe nicht zu teilen gewußt hatte, wußte er auch am Glück nicht teilzunehmen. [...] Ein Gefühl echter Reue machte Pavese verschlossener und schweigsamer denn je. In jenen ersten Tagen wagte er die alten Freunde nicht zu begrüßen, ja er mied sie und verkroch sich in der befreiten Stadt in die gleiche Einsamkeit wie zuvor zwischen den Hügeln.«[132]

Mit *La casa in collina* verarbeitete Pavese diese Schuldgefühle:

> »Der Roman wird [...] zur Abrechnung Paveses mit seiner eigenen Vergangenheit, zu einer schonungslosen Offenbarung seines eigenen Charakters, der ihn zur Flucht in die Berge und zum Rückzug in die Welt des Mythos getrieben hat, während seine Freunde, die sich der Resistenza

[132] Lajolo, S. 278 f.

angeschlossen hatten, im Kampf gegen den Faschismus und später gegen die deutsche Besatzung [...] täglich ihr Leben aufs Spiel setzten.«[133]

Die historischen Angaben in *La casa in collina* sind auf das Wesentlichste reduziert. Wichtige Daten wie etwa die Verhaftung Mussolinis am 25. Juli 1943 oder der Waffenstillstand am 8. September 1943 sind im Verlauf der Erzählung zu erkennen oder lassen sich im Text erschließen, werden aber nur am Rande erwähnt. Für die Handlung sind die historischen Geschehnisse zwar nicht unverzichtbar, sie stehen jedoch im Hintergrund. Der Krieg ist für die Geschichte Corrados wichtig, insofern er dessen Persönlichkeit zum Vorschein bringt und auf die Probe stellt. Wie Dietrich Schlumbohm feststellt, handelt es sich bei dem Roman »nicht um eine Abrechung mit dem Faschismus und [der] Resistenza, sondern um eine Abrechung mit seinem [Paveses] eigenem Verhalten während dieser Zeit«.[134]

Corrados zurückgezogene Existenz auf den Höhen ist für ihn zu einer Lebensart geworden.[135] Die Kriegsmomente erscheinen dem Protagonisten in der Natur, in die er sich immer wieder zurückzieht, fast unwirklich und fern. Denn oben auf den Hügeln geht das Leben geregelt und im ungestörten Rhythmus der Natur weiter:

> »Non avevo tristezze, sapevo che nella notte la città poteva andare tutta in fiamme e la gente morire. I burroni, le ville e i sentieri si sarebbero sveglitai al mattino calmi e uguali.«[136]

Der Krieg geht Corrado nichts an, sondern berührt zunächst nur die Stadt und ihre Einwohner. Corrado lebt sein Leben auf den Hügeln weiter, umsorgt von den beiden Frauen und hat nichts zu befürchten. Der Gedanke, dass das Kriegsgeschehen bis zu ihm herauf kommen könnte, erscheint ihm fern und absurd.[137] Denn die Natur werde, so Corrado, den Krieg unbeschadet überstehen, ihn überwuchern und dabei ihren gewohnten Zyklus beibehalten:

> »›Cos'importa la guerra, cos'importa il sangue, – pensavo, – con questo cielo tra le piante?‹ Si poteva arrivare correndo, buttarsi nell'erba, giocare alla caccia o agli altri agguati. Così vivevano le bisce, le lepri, i ragazzi. La guerra finiva domani. Tutto tornava come prima. Tornavano la pace, i vecchi giochi, i rancori. Il sangue sparso era assorbito dalla terra. Le città respiravano.

---

[133] Schlumbohm, S. 172.
[134] Ebd., S. 178.
[135] Vgl. Cesare Pavese, *La casa in collina* (1948), Turin 1990, Einaudi, S. 3. Im Folgenden zitiert: *LCIC*.
[136] Ebd.
[137] Vgl. ebd., S. 77.

Soltanto nei boschi nulla mutava, e dove un corpo era caduto riaffioravano radici.«[138]

Pavese kontrastiert das Bild der Natur als eine sichere Zufluchtsstätte, als Ort der Kindheitserinnerungen mit dem Bild der Stadt als den Ort des Grauens, des Kriegs und des Todes. Wie in seinem Gesamtwerk arbeitet der Autor auch in *La casa in collina* mit Gegensätzen, um den Dualismus der Welt deutlich zu machen. Verena Lenzen fasst Paveses Verwendung von Antagonismen zusammen:

»Sein Themenrepertoire läßt sich in polare Gegensatzpaare in ein drastisches Wechselspiel starker Kontraste auflösen: Stadt / Land, Junge / Mann, Mann / Frau, Intellektueller / Volk, Menschen / Götter, Flüchtling / Heimkehrer.«[139]

Corrado genießt die stille und einsame Zeit jenseits der Stadt und des Kriegs. Das Wüten der Gewalt und die Bombardierungen erscheinen ihm dabei lediglich als Störungen seiner persönlichen Ruhe, nicht aber als reelle Gefahr.[140] Er ist völlig distanziert von dem, was um ihn herum geschieht und sieht keine Notwendigkeit, daran Teil zu haben oder gar seine Haltung zu ändern. Schon immer lebte er einsam und isoliert. Der bevorstehende Krieg gab dem Dasein eine Ungewissheit und ließ ihn unbeschwert leben:

»Quell'ombra di dubbio nell'aria, quella febbre di tutti, la minaccia, la guerra vicina, rendevano piú vive le giornate e piú futili i rischi. Ci si poteva abbandonare e poi riprendere; nulla accadeva e tutto aveva sapore. Domani, chi sa.«[141]

Der ausbrechende Krieg war für Corrado schließlich eine Rechtfertigung für seine isolierte Lebensweise:

»La guerra mi tolse soltanto l'estremo scrupolo di starmene solo, di mangiarmi da solo gli anni e il cuore [...]. Con la guerra divenne legittimo chiudersi in sé, vivere alla giornata, non rimpiangere piú le occasioni perdute. Ma si direbbe che la guerra io l'attendessi da qualche tempo e ci contassi, una guerra così insolita e vasta che, con poco fatica, si poteva accucciarsi e lasciarla infuriare, sul cielo delle città, rincasando in collina.«[142]

Als Corrado die antifaschistische Gruppe um Cate kennen lernt, wird ihm eine völlig andere Weise, mit den historischen Entwicklungen umzugehen, vorgestellt. Hier

---

[138] Ebd., S. 33.
[139] Lenzen, S. 151.
[140] Vgl. *LCIC*, S. 5.
[141] Ebd., S. 12.
[142] Ebd., S. 4.

erlebt er, wie sich junge Menschen um den Faschismus und die Möglichkeit ihm entgegenzutreten, Gedanken machen, sich engagieren und dabei gewillt sind, sogar ihr eigenes Leben aufs Spiel zu setzen. Eine wichtige Funktion in dem Roman übernimmt Cate, Corrados ehemalige Freundin. Sie tritt als völliges Gegenteil von Corrado auf und macht dem Leser seine Unzulänglichkeiten deutlich. Die Liebesbeziehung der beiden liegt einige Jahre zurück. Corrado erinnert sich an Cate als ein unsicheres, einfaches Mädchen. Für ihn bedeutete Liebe schon immer eine Last.[143] Er wollte sich nie wirklich fest an Cate binden, weil er Angst hatte, sich zu sehr zu verpflichten: »L'idea di esserle legato, di doverle qualcosa, per esempio del tempo, mi pesava ogni volta.«[144] Damals gestand er ihr, nur aus sexuellen Gründen mit ihr zusammen zu sein, woraufhin sie ihn verließ. Dies, so erinnert sich Corrado, sei ihm zu dem Zeitpunkt wie eine Erlösung vorgekommen und er genoss das Gefühl, endlich wieder frei zu sein.[145]

Heute ist Cate eine selbstbewusste, sichere Frau, die genau weiß, was sie will. Im Gegensatz zu Corrado hat sie eine innere Wandlung vollzogen. Als allein erziehende Mutter und durch ihre Mitarbeit im Widerstand ist sie fähig und bereit zum privaten und öffentlichen »impegno« – anders als Corrado, mit dessen isolierter Lebensweise und seiner Unfähigkeit zu lieben sie Mitleid hat. Sie hält ihm einen Spiegel vor Augen:

> »Non sei capace a voler bene«[146] – »Adesso soffri e mi fai pena« – »Vivi solo col cane. Mi fai pena« – »Lasci fare e non dài confidenza. Non hai nessuno, non ti arrabbi nemmeno« – »Sei come un ragazzo, un ragazzo superbo« – »Quando parli con gli altri sei sempre cattivo, maligno. Tu hai paura, Corrado.«[147]

Die Erzählung ist die Auseinandersetzung Corrados mit seiner privaten und der kollektiven Geschichte insgesamt. Der Lehrer kann und will weder auf der einen noch auf der anderen Ebene Verantwortung übernehmen. Im persönlichen Bereich will er im Grunde nicht der Vater Dinos sein, weil er sich damit an ihn binden und Stellung nehmen müsste. Die Vergangenheit mit Cate hat gezeigt, dass Corrado zu egoistisch ist und damit unfähig zu lieben. Auf der anderen, historischen Stufe will

---

[143] Vgl. ebd., S. 48.
[144] Ebd., S. 11.
[145] Vgl. ebd., S. 12.
[146] Ebd., S. 44.
[147] Ebd., S. 31.

Corrado keine Verantwortung für die geschichtliche Entwicklung Italiens übernehmen. Er nimmt nicht an der Resistenza teil, sondern zieht sich zurück und betrachtet den Krieg – im wahrsten Sinne des Wortes – von oben, von den Hügeln als Außenstehender. Corrado ist nicht fähig, für jemanden zu leben oder sich für etwas einzusetzen. Obwohl sein Lebensmotto einst lautete: »La vita ha valore solamente se si vive per qualcosa o per qualcuno«,[148] fürchtet sich Corrado davor, dass Cate ihn nach seinem Lebenssinn fragen könnte: »›Se ti chiede per chi vivi tu, – mi gridai, – cosa rispondi?‹«[149] Sein Egoismus treibt ihn in eine Isoliertheit von seiner nächsten Umgebung und von den historischen Entwicklungen.

Mit dem Roman bezog Pavese persönlich Stellung zu seinem eigenen Verhalten: »In *Casa in Collina* ist Pavese vollkommen aufrichtig; Wahrheit und menschliches Empfinden, der historische Moment und der persönliche decken sich völlig.«[150] Pavese erlebte den Widerstand wie Corrado nur von außen. In dem Roman schildert er seine eigene Passivität und die daraus resultierenden Schuldgefühle. Anders als N2 aus Vittorinis *Uomini e no* oder Pin aus Calvinos *Il sentiero dei nidi di ragno* beschreibt Pavese mit dem Lehrer Corrado das Schicksal eines passiven Intellektuellen während der Resistenza. Zwar handelt es sich bei N2 ebenfalls um einen Intellektuellen, er jedoch handelt und übernimmt Verantwortung, wenn er auch am Ende daran (ver-)zweifelt. Alle drei Romane geben somit auf persönliche Weise Zeugnis von den Erfahrungen der Autoren.

3.3.2. Die Darstellung der Resistenza in *La casa in collina*

Da der Roman in der Ich-Perspektive verfasst ist, beschränkt sich die Darstellung der Resistenza auf den Blickwinkel des Erzählers Corrado. Durch dessen neutrale Haltung zum Krieg und zum Widerstand kann der Autor auf objektive Weise von ihnen schreiben: »Gerade weil Pavese ›sempre al di là o al di qua degli avvenimenti‹ stand, konnte er einen objektiven Bericht geben«.[151] Corrado ist zwar kein Faschist, aber er nimmt auch nicht am Widerstand teil. Er kapselt sich von der Welt und der Politik ab. Die einzelnen Figuren, die im Roman auftreten, werden vom Erzähler

---

[148] Ebd., S. 30.
[149] Ebd.
[150] Lajolo, S. 278.
[151] Johannes Hösle, *Cesare Pavese*, Berlin 1961, S. 112. Im Folgenden zitiert: Hösle.

daher ohne politische Intention beschrieben. Nationalsozialisten spielen in dem Roman kaum eine Rolle. Sie treten nur an zwei Stellen auf und zwar als sie die Antifaschisten der »Fontane" verhaften und als Corrado die Leichen eines Gefechts zwischen Deutschen und Partisanen vorfindet.

Corrado verbringt viel Zeit mit den Antifaschisten; die Treffen mit ihnen erscheinen ihm jedes Mal wie ein Abenteuer.[152] Nach Verkündigung der Verhaftung Mussolinis am 25. Juli 1943 geht er mit der Gruppe nach Turin und nimmt an ihren Versammlungen teil. In seinem tiefsten Innern bewundert er das Engagement dieser Menschen:

> »Ci fu un uomo, un giovanotto, che si issò sul balcone dell'ammezzato e parlò con calore tutt'altro che ingenuo del grande fatto di quei giorni, e del domani. Pareva un sogno, sentire quelle pubbliche frasi. L'entusiasmo mi prese. ›Né propaganda né terrore hanno toccato questa gente, – pensai. – L'uomo è migliore di quel che si crede‹.«[153]

Cate erkennt Corrados persönliche Schwächen und beruhigt ihn daraufhin mit den sarkastischen Worten: »Nessuno ti disturba la pace.«[154] Sie zeigt ihm nicht nur seine persönlichen Unzulänglichkeiten auf, sondern macht ihm ebenfalls seine politische Passivität bewusst: »Tu non vuoi fare niente e vuoi star solo«[155] – »Per non farle, ti rendi le cose impossibili.«[156] Im zwölften Kapitel spricht Cate einen Satz aus, der die Passivität des Intellektuellen sehr treffend umschreibt: »Sai tante cose, Corrado, [...] e non fai niente per aiutarci.«[157] Als sie ihren ehemaligen Freund fragt, ob er Faschist sei, reagiert er folgendermaßen: »Lo siamo tutti [...]. Se non lo fossimo, dovremmo rivoltarci, tirare le bombe, rischiare le pelle. Chi lascia fare e s'accontenta, è già un fascista.«[158] Damit gibt er zu, selbst nichts aktiv zum Widerstand beizutragen und somit schon zu den Faschisten zu zählen. Doch der Faschismus interessiert Corrado nicht sonderlich. Für ihn zählt nur die Tatsache, dass er während des faschistischen

[152] Vgl. *LCIC*, S. 25 f.
[153] Ebd., S. 43.
[154] Ebd., S. 31.
[155] Ebd., S. 23.
[156] Ebd., S. 46.
[157] Ebd., S. 67.
[158] Ebd., S. 22.

Regimes nicht in seiner bequemen Lebensweise gestört wurde: »Se non fosse per loro [i fascisti], [...] non saremmo vissuti tranquilli in collina per tanti anni.«[159]

Corrado selbst hat sich mit seiner Passivität abgefunden. Wie ein Außenstehender betrachtet er das Geschehen um sich herum und kommentiert es bei den abendlichen Treffen mit den jungen Leuten im Gasthaus. Für ihn ist das Leben nichts weiter als ein Spiel: »Sangue e ferocia, sottosuolo, la boscaglia: queste cose non erano un gioco?«[160] Corrados Erklärungen für seine politische Passivität gründet er auf sein Alter und seine gesellschaftliche Stellung als Intellektueller. Zum einen empfindet er sich als zu alt und will das Rebellieren lieber den Jüngeren überlassen. Zum anderen fühlt er sich in der Gruppe der »Fontane«, deren Mitglieder wie zum Beispiel der Kommunist Fonso hauptsächlich der Arbeiterklasse angehören, nicht wirklich zugehörig. Als Lehrer und Intellektueller nimmt Corrado seiner Meinung nach eine Außenseiterrolle ein. Der bewaffnete Widerstand ist für ihn ein Klassenschicksal. Die Partisanen seien, so Corrado, lediglich Deserteure und Wehrdienstverweigerer, die sowieso nicht viel aufs Spiel setzen.[161] Insgesamt ist seine Meinung über ein Engagement in der Resistenza ganz eindeutig: »Ci sono negato«[162] – er sieht sich als ungeeignet. Hier arbeitet Pavese wieder einmal mit den Gegensätzlichkeiten zwischen Jung und Alt auf der einen und dem Intellektuellen und den Menschen aus dem einfachen Volk auf der anderen Seite – Dualismen, die auch für den Autor selbst unüberbrückbar waren.

Einige Mitglieder der Gruppe kritisieren Corrados neutrale Meinung und seine sich aus allem heraushaltende Position. Vor allem Cates Großmutter: Sie wirft ihm vor, durch seine neutrale Haltung zum Krieg beigetragen zu haben: »Per chi ha la pagnotta e può stare in collina, la guerra è un piacere. Sono la gente come voi che ha portato la guerra.«[163] Mit dieser Aussage trifft sie Corrado sehr, denn er hat sein Problem bereits erkannt. Aber es ist für ihn kein Anlass, etwas zu ändern.

Als er am Ende des Romans auf der Flucht in sein Heimatdorf von einem Dorfbewohner für einen Partisanen gehalten wird, fühlt er sich geehrt: »Mi aveva

[159] Ebd., S. 37.
[160] Ebd., S. 54.
[161] Vgl. ebd., S. 72.
[162] Ebd., S. 25.
[163] Ebd., S. 50.

preso per un partigiano. La cosa mi mise in orgasmo.«[164] Unterwegs trifft er auf die ersten Partisanen, die er in seinem Leben je gesehen hat. Diese Tatsache stößt bei den Widerstandskämpfern auf Ungläubigkeit und zeigt, wie fern Corrado bisher von der Realität gelebt hat und in welchem Ausmaß er an der Geschichte vorbei gelebt hat. Corrado nimmt die Widerstandskämpfer Dritten gegenüber in Schutz; so etwa, als Egle, die Nachhilfeschülerin Elviras, über diese herzieht:

> » Perché questi sovversivi ce l'hanno con noi?
> Che sovversivi?
> Ma tutti. La gente che ancora non capisce perché siamo in guerra. I teppisti. Ne conosce anche lei. [...]
> Non conosco teppisti, – tagliai, – conosco gente che lavora. [...]
> Sappiamo che va all'osteria, sappiamo chi ci trova... [...]
> Di teppisti, – le dissi, – conosco soltanto quelli che ci hanno messo in guerra e che ancora ci sperano.«[165]

Als Elvira behauptet: »Ma non è gente come noi«, entgegnet er ihr: »Credo bene, [...] – vale molto piú di noi.«[166] Es ist unbestreitbar, dass Corrado eine politische Meinung hat. Er steht auf der Seite der Antifaschisten und klagt den Krieg an. Er fühlt sich allerdings in keiner Weise veranlasst, aktiv zu werden. Johannes Hösle spricht von Corrados »narzißhaftem Umgang mit sich selbst«[167] – die Hauptfigur genießt ihr Leben, solange es möglich ist und solange sie in ihrer Ruhe auf den Hügeln nicht gestört wird.

Corrados Zufriedenheit und die Sicherheit in seiner Position schwindet allmählich, als der Faschismus in Italien zerbricht und die neue Regierung um Badoglio mit den Alliierten Waffenstillstand schließt. Der bewaffnete Widerstand beginnt und breite Teile der italienischen Bevölkerung schließen sich ihm an, so auch die Gruppe der »Fontane«. Selbst der kleine Dino ist an den politischen Aktivitäten der anderen interessiert. Von Corrado, mit dem er oft in der Natur unterwegs war, wendet er sich wegen dessen weltfremder Sicht und seines politischen Desinteresses ab. »Il rapporto con Corrado non potrà che concludersi con un abbandono che vale implicitamente come una accusa del suo tenersi in dispare, lontano dell'azione.«[168] Nach dem 8.

---

[164] Ebd., S. 107.
[165] Ebd., S. 53 f.
[166] Ebd., S. 54.
[167] Hösle, S. 114.
[168] Roberto Galaverni, »*Prima che il gallo canti*: la guerra di liberazione di Cesare Pavese«, in: Andrea Bianchini, Andrea; Francesca Lolli (Hgg.), *Letteratura e Resistenza*, Bologna 1997,

September 1943 spürt Corrado, dass seine selbst gewählte Einsamkeit nicht länger als Alibi fungieren kann, dem Widerstand nicht beizutreten. Vielmehr erkennt er seine Zurückgezogenheit nun als Feigheit an, Stellung zu beziehen.[169] Er fühlt sich immer unnützer und beginnt an seiner Lebensweise zu zweifeln. Corrado sieht ein, dass seine Zufluchten in die Natur verantwortungslos waren:

> »Capii d'un tratto quanto fosse sciocco e futile quel mio compiacermi dei boschi, quell'orgoglio dei boschi che nemmeno con Dino smettevo. Sotto il cielo d'estate impietrito dall'ululo, capii che avevo sempre giocato come un ragazzo irresponsabile. Che cos'ero per Cate altro che un bimbo come Dino? Che cos'ero per Fonso, per gli altri, per me?«[170]

Der Protagonist begreift, dass die Natur, die ihm bisher Schutz vor der Außenwelt geboten hatte, das Grauen des Kriegs nicht ungeschehen machen kann. Auch wenn er auf den Höhen bisher unbeschadet leben konnte, dringen ihm auch hier die furchtbaren Geschehnisse ins Bewusstsein:

> »Veniva l'inverno e *io* avevo paura. [...] Non erano i disagi, non le rovine, forse nemmeno la minaccia della morte dal cielo; bensì il segreto finalmente afferrato che potevano esistere dolci colline, una città sfumata di nebbie, un indomani compiaciuto, e in tutti gli istanti accadere a due passi le cose bestiali di cui si bisbigliava. [...] Quella guerra in cui vivevo rifugiato, convinto di averla accettata, di essermene fatta una pace scontrosa, inferociva, mordeva piú a fondo, giungeva ai nervi e nel cervello.«[171]

Corrado schämt sich für den Rückzug in das gewohnte bürgerliche Leben, während andere Menschen auch für ihn um eine bessere politische Lage kämpfen:

> »Rientrarci da Torino [...] per la collina gialla e spoglia scordando un momento nel suo tepore di tana la eterna monotona angoscia e paura, mi riusciva quasi dolce. Anche di questo avrei voluto vergognarmi«[172] – »mi vergognavo dei miei giorni tranquilli«.[173]

»Das Schicksal des Krieges bestimmt eine andere Gesetzmäßigkeit, in der der Einzelne seine Bedeutung verliert«[174] – Erika Kanduth erläutert die Schwierigkeit, in den Zeiten des Krieges selbstbestimmt einen eigenen Weg zu gehen, wenn die

---

S. 107 - 155, S. 132.

[169] Vgl. Guiducci, S. 93.

[170] *LCIC*, S. 55.

[171] Ebd., S. 69 [Hervorhebung im Original].

[172] Ebd.

[173] Ebd., S. 80.

[174] Erika Kanduth, *Cesare Pavese im Rahmen der pessimistischen italienischen Literatur*, Wien 1971, S. 282.

Realität ein kollektives Zusammenhalten der Gesellschaft erfordert. Gemeinsame Erfahrungen beanspruchen gemeinsames Handeln. Dietrich Schlumbohm spricht von dem »alte[n] Konflikt zwischen Individualhaltung und dem Anspruch der geschichtlichen Welt.«[175] Corrado schließt sich aus der Gemeinschaft aus, der Krieg berührt ihn nicht, denn er kann zunächst weiterhin in Ruhe leben. Das Desinteresse des Protagonisten am Krieg ist mit einer Gleichgültigkeit gegenüber der gesamten Geschichte gleich zu setzen: »L'estraneità alla guerra è in realtà estraneità alla storia, incapacità di attribuirle un senso e un valore.«[176]

Schließlich erkennt Corrado die Notwendigkeit, dem Krieg ins Auge zu schauen und Stellung zu beziehen. Doch der Schritt, aktiv zu werden, erscheint ihm wie eine Überwindung zu etwas, was er in Wirklichkeit nicht will: »L'unico modo è non pensarci e lavorare. [...] Buttarsi nell'acqua per non sentire il freddo. Ma se nuotare non ti piace? Se non t'interessa arrivare di là?«[177] Als die Widerstandsgruppe mitsamt Cate von deutschen Truppen verhaftet wird, kann Corrado nur tatenlos zusehen. Dieser Moment verändert etwas in ihm, denn er verstärkt das bereits vorhandene Gefühl der Angst. In seinem Innern keimt zudem die Frage, warum gerade er von den deutschen Truppen verschont geblieben ist.

> »Perché la salvezza sia toccata a me e non a Gallo, non a Tonno, non a Cate, non so. Forse perché devo soffrire dell'altro? Perché sono il piú inutile e non merito nulla, nemmeno un castigo? [...] Sono al punto che esser vivo per caso, quando tanti migliori di me sono morti, non mi soddisfa e non mi basta. [...] Vivere per caso non è vivere«.[178]

Von diesem Zeitpunkt an erfüllt ein »Todesgeschmack«[179] Corrados Mund. Er flieht mit dem zurückgelassenen Dino in ein Kloster nach Chieri. Hier findet er in der religiösen Abgeschiedenheit zunächst seine Ruhe wieder – »Parlavano [i preti] del mondo esterno, della vita, dei fatti della guerra con un distacco che mi piacque.«[180] Was ihm früher die Natur an Schutz und Zuflucht bedeutet hatte, bietet ihm nun die Kirche und die Religion. Corrado fühlt sich in Sicherheit. Das was er sucht, ist allerdings weniger der Frieden der Welt als die eigene Versöhnung mit sich selbst:

---

[175] Schlumbohm, S. 176.
[176] Romano Luperini, *Il Novecento*, Turin 1981, S. 585.
[177] *LCIC*, S. 72.
[178] Ebd., S. 88 f.
[179] Vgl. ebd., S. 88.
[180] Ebd., S. 90.

»Non chiedevo la pace del mondo, chiedevo la mia.«[181] Diesen findet er jedoch nicht dauerhaft, denn nach und nach brechen Schuldgefühle in ihm hervor, sich nicht wie seine Freunde gegen den Faschismus engagiert zu haben. Er ist sich bewusst, dass er nie in der Lage gewesen wäre, so viel Mut wie sie aufzubringen: »Chiudevo gli occhi e immaginavo di soffrire con gli altri. Già questo filo di coraggio mi faceva trasalire.«[182]

Corrado gerät an den Schauplatz eines Anschlags von Partisanen auf einen Lastwagen der deutschen Truppen. Er wagt es nicht, über die getöteten deutschen Männer hinweg zu gehen. Ein Toter, der mit seinem Kopf im Stacheldraht hängt, erscheint ihm wie ein von Dornen Gekrönter[183] – ein Bild, das auf den Tod Christi anspielt. Corrado hat nicht nur begriffen, dass der Krieg alle Menschen angeht, sondern auch, dass Krieg und Tod die Menschen gleich machen. Dabei gebe es, so Corrado, keinen Unterschied zwischen den verschiedenen Fronten, die gegeneinander kämpfen. In einem Krieg seien alle Opfer und bei jedem Krieg handele es sich deshalb um einen Bürgerkrieg:

> »Ho visto i morti sconosciuti, i morti repubblichini. Sono questi che mi hanno svegliato. Se un ignoto, un nemico, diventa morendo una cosa simile, se ci si arresta e si ha paura a scavalcarlo, vuol dire che anche vinto il nemico è qualcuno, che dopo averne sparso il sangue bisogna placarlo, dare una voce a questo sangue, giustificare chi l'ha sparso. [...] Si ha l'impressione che lo stesso destino che ha messo a terra quei corpi, tenga noialtri inchiodati a vederli, a riempircene gli occhi. Non è paura, non è la solita viltà. Ci si sente umiliati perché si capisce – si tocca con gli occhi – che al posto del morto potremmo essere noi: non ci sarebbe differenza, e se viviamo lo dobbiamo al cadavere imbrattato. Per questo ogni guerra è una guerra civile: ogni caduto somiglia a chi resta, e gliene chiede ragione.«[184]

Die Getöteten auf beiden Seiten seien, so Corrado weiter, sinnlos. Einen Grund für ihr Sterben sei nicht zu finden:

> »Io non credo che possa finire. Ora che ho visto cos'è guerra, cos'è guerra civile, so che tutti, se un giorno finisse, dovrebbero chiedersi: – E dei caduti che facciamo? perché sono morti? – Io non saprei cosa rispondere. Non

---

[181] Ebd., S. 91.
[182] Ebd.
[183] Vgl. ebd., S. 115.
[184] Ebd., S. 122.

adesso, almeno. Né mi pare che gli altri lo sappiano. Forse lo sanno unicamente i morti, e soltanto per loro la guerra è finita davvero.«[185]

Corrados lange Flucht und seine Geschichte einer langen Täuschung[186] enden in seinem Heimatdorf in den Langhe. Auch hierher ist der Krieg gekommen, auch hier hat es Schrecken, Terror und Tote gegeben:

> »Quanto sangue, mi chiesi, ha già bagnato queste terre, queste vigne. Pensai che era sangue come il mio, ch'erano uomini e ragazzi cresciuti a quell'aria, a quel sole, dal dialetto e dagli occhi caparbi come i miei. Era incredibile che gente come quella, che mi vivevano nel sangue e nel chiuso ricordo, avessero anche loro subíto la guerra, la ventata, il terrore del mondo. Per me era strano, inaccettabile, che il fuoco, la politica, la morte sconvolgessero quel mio passato. Avrei voluto trovar tutto come prima, come una stanza stata chiusa.«[187]

Corrado erkennt, dass der Krieg alle Menschen berührt, niemanden ausspart und dass ein Engagement wichtig ist, um zu innerem und zu politischem Frieden zu kommen. Dies unterstreicht auch Johannes Hösle:

> »Am Ende seiner langen Flucht vor der Wirklichkeit und seiner Zeit hat Corrado [...] begriffen, daß kein Friede kommen kann, ehe sich nicht jeder dazu entschieden hat, tätigen Anteil am Leben zu nehmen, aus seiner Isolierung auszubrechen und sich für etwas einzusetzen«.[188]

Der 1919 geborene Giame Pintor war eine bedeutende Figur des italienischen Widerstands. Er wurde nur 24 Jahre alt. Pintor war der Ansicht, den Intellektuellen dürfe im Krieg keine Sonderregelung zuteil werden. In einem Brief vom 28. November 1943 schreibt er seinem Bruder Luigi:

> »Der Krieg hat die Menschen aus ihren gewohnten Lebensumständen gerissen, hat sie dazu gezwungen, sich persönlich der Gefahren bewußt zu werden, welche die Lebensvoraussetzungen jedes einzelnen bedrohen, hat sie davon überzeugt, daß die Rettung nicht in der Neutralität und in der Selbstisolierung zu finden ist. [...] In einem bestimmten Augenblick müssen die Intellektuellen dazu fähig sein, ihre Kenntnisse zum Nutzen des Ganzen einzusetzen, jeder einzelne muß wissen, welchen Platz er im gemeinsamen Kampf einzunehmen hat.«[189]

---

[185] Ebd., S. 122 f.

[186] Vgl. ebd., S. 4.

[187] Ebd., S. 109.

[188] Hösle, S. 118.

[189] Giame Pintor in einem Brief vom 28. November 1943, zitiert nach: Thomas Stauder: »Giame Pintor – Vom bürgerlichen Intellektuellen zum Widerstandskämpfer«, in: Titus Heydenreich; Helene Harth (Hgg.), *Zibaldone*, Nr. 8, München / Zürich 1989, S. 40 - 50, S. 40 f.

Der Krieg hat Corrado eingeholt und ihm die Augen geöffnet: »È qui che la guerra mi ha preso, e mi prende ogni giorno.«[190] Dennoch beginnt das letzte Kapitel mit seinen Worten: »Niente è accaduto.«[191] In Corrados Innerem hat sich zwar einiges verändert, was seine Anschauung über den Krieg angeht. Er hat sich viele Gedanken um den Tod und den Krieg gemacht und hat erkannt, dass die Natur ihn davor nicht schützen kann. Aber er ist trotzdem nicht aktiv geworden. Wie der Autor Cesare Pavese ist Corrado noch immer gelähmt von seiner Unfähigkeit, aus sich heraus zu gehen und aktiv Stellung zu beziehen.

---

[190] *LCIC*, S. 121.
[191] Ebd., S. 120.

3.4. Carlo Cassola – Sein Leben und Werk

Carlo Cassola wurde am 17. März 1917 in Rom geboren. Hier verbrachte er seine Kindheit und Jugend. Von 1935 bis 1939 studierte er an der Università di Roma Jura und beendete das Studium mit einem Diplom in Zivilrecht.

Cassola war schon mit achtzehn Jahren an Literatur interessiert; 1942 veröffentlichte er sein erstes Buch *La visita*, einen Erzählband. Sein literarischer Werdegang lässt sich in verschiedene Phasen unterteilen. Dabei ist für diese Abhandlung besonders die Periode seiner politisch engagierten Literatur sehr interessant, welche die Jahre von 1949 bis 1960 umschließt. Denn in dieser Zeit entstanden zwei Romane, in denen Cassola den italienischen Widerstandskampf thematisierte: *Fausto e Anna* (1952) und *La ragazza di Bube* (1960). Sensibel für das politische und soziale Geschehen, setzte sich Cassola in den letzten Jahren seiner literarischen Aktivität vor allem durch eine »letteratura impegnata« für den Weltfrieden und die Umwelt ein.

Im Jahre 1942 begann Cassola neben seiner literarischen Tätigkeit als Lehrer für Geschichte, Philosophie und Pädagogik in Foligno und Volterra zu arbeiten. Unmittelbar nach dem Waffenstillstand zwischen Italien und den Alliierten trat Cassola der Resistenza bei, obwohl er deren Ideologie nicht unmittelbar teilte.[192] Zwanzig Monate lang kämpfte er in der 23. Garibaldi-Brigade »Guido Boscaglia«. Die dort gesammelten Erfahrungen verarbeitete er in dem 1952 erschienenen Roman *Fausto e Anna.*

Cassola war von 1944 bis 1946 Mitglied des «Partito d'Azione«. Auch nach Kriegsende blieb er politisch aktiv: Drei Jahre lang arbeitete er für das Organ des CLN *La Nazione del Popolo*, von 1958 bis 1970 war er Mitglied der Sozialistischen Partei Italiens. Bevor sich Cassola 1961 beruflich ganz der Literatur zuwandte, arbeitete er als Lehrer in Cecina. Am 30. Januar 1987 starb er in Lucca.

Der Roman *La ragazza di Bube* war Cassolas größter kommerzieller Erfolg. Das Werk wurde in viele Sprachen übersetzt und 1963 von Luigi Comencini verfilmt. Cassolas Duktus ist hier wie in seinem Gesamtwerk einfach, seine Sprache klar und leicht verständlich. Der Autor wählte diesen Stil bewusst, um seine Werke für jedermann verständlich zu machen: »È stata una scelta determinata dalla mia convinzione

[192] Vgl. Giuliano Manacorda, *Invito alla lettura di Cassola*, Mailand 1973, S. 44.

che un libro debba andare nelle mani di tutti«.[193] Cassola war gegen eine Kunst, die nur bestimmten Schichten zugänglich war: »Avendo partecipando alla Resistenza [...] avevo saputo dai miei compagni che essi erano per una letteratura che si facesse capire da tutti.«[194] Wie die Schlichtheit seiner Sprache entstammen auch die Figuren Cassolas Werke einer einfachen Natur; es sind Menschen aus dem Volk. Seine eigene Herkunft war für diese Wahl ausschlaggebend:

> »Nato e cresciuto in una famiglia borghese colta, mi son sempre sentito attratto dai ceti popolari, cioè da un'umanità più semplice, più elementare, che conduce una vita più essenziale.«[195]

Carlo Cassola war kein Anhänger der neorealistischen Literatur. Ihrem Anspruch einer »letteratura impegnata« stand er kritisch gegenüber. So akzeptierte er auch Vittorini und seine Literaturtheorien nicht:

> »Quando Vittorini assunse, intorno al '45, la direzione del nuovo corso letterario italiano, fui talmente contrario a questo nuovo corso, che per cinque anni non lessi nulla di ciò che si scriveva in Italia. Io non ho mai, non dico letto, ma nemmeno visto un numero di *Politecnico*! In quegli anni scrissi cose [...] che non avevano niente a che vedere con le parole d'ordine vittoriniane«.[196]

Cassola war seinem eigenen Stil immer treu, von neuen Kunstrichtungen ließ er sich nicht beeinflussen. Er wusste genau, was ihm wichtig war: Er liebte das Leben und die Menschen. Die Sympathie für die menschliche Existenz war es, was er in seiner Literatur ausdrücken wollte:

> »Io credo che le caratteristiche più importanti delle mie rappresentazioni siano l'amore per la vita e il rifiuto dell'ideologia. Se si ama la vita, la si accetta com'è, e si rifiuta [...] di cambiarla secondo gli schemi di una qualsiasi ideologia.«[197]

---

193 Franco Zangrilli, *La forza della parola*, Ravenna 1992, S. 25. Im Folgenden zitiert: Zangrilli.

194 Ebd., S. 11.

195 Ebd., S. 24 f.

196 Carlo Cassola in einem Interview, zitiert nach: Renato Bertacchini, *Carlo Cassola*, Florenz 1988, S. 12 [ursprünglich in: *La Fiera letteraria*, Rom, 13. April 1975]. Im Folgenden zitiert: Bertacchini.

197 Zangrilli, S. 17.

3.4.1. Der Roman *La ragazza di Bube* (1960)

Der Roman *La ragazza di Bube* entstand zwischen 1958 und 1959 und wurde 1960 veröffentlicht. Im gleichen Jahr wurde Carlo Cassola für dieses Werk mit dem »Premio Strega« ausgezeichnet. *La ragazza di Bube* ist Cassolas erfolgreichstes Werk, es wurde in über zwanzig Sprachen übersetzt und 1963 von Luigi Comencini verfilmt.

Der Roman basiert auf realen Geschehnissen der italienischen Nachkriegszeit. Im Mai 1945, kurz nach der Befreiung Italiens durch die Alliierten, kam es in dem toskanischen Dorf Molin del Piano zu einer Auseinandersetzung zwischen dem ehemaligen Partisanen Renato Ciandri, genannt Bebo, und der Polizei. Einige ehemalige Widerstandskämpfer wurden von einem Priester, der sie an ihrer Kleidung als Partisanen ausmachte, nicht zur Messe in die Kirche gelassen, um eventuelle Kontroversen mit der Bevölkerung zu verhindern. Ein Polizist mischte sich in den Disput ein. Es folgte ein Handgemenge, in dem der Polizist einen der Partisanen erschoss. Bebo rächte daraufhin seinen Freund: Er tötete den Mann und seinen Sohn. Der ehemalige Partisan wurde festgenommen und zu 16 Jahren Haft verurteilt. Carlo Cassola, der als Journalist von den Geschehnissen gehört hatte, erfuhr 1956, dass Bebo noch immer im Gefängnis in San Gimignano seine Haft absitze. Bebos Freundin Nada Giorgi, so erzählte ihm ein Wärter, halte noch immer zu ihm, habe ihn sogar in der Zwischenzeit im Gefängnis geheiratet. Cassola faszinierte diese Geschichte so sehr, dass er den Stoff für einen Roman verwenden wollte. Aus Bebo entwickelte er die Figur Bube; Nada wurde zu Mara, Bubes Mädchen.

Der Roman ist in vier große Abschnitte eingeteilt, die wiederum mehrere Kapitel beinhalten. Sie folgen chronologisch aufeinander. Die Handlung spielt in der Toskana, kurz nach der Befreiung Italiens. Die naive und oberflächliche, 16-jährige Mara Castellucci wohnt mit ihren Eltern und ihrem kleinen Bruder in Monteguidi im Val d'Elsa. Im ersten Teil des Buches lernt sie Arturo Cappellini oder kurz Bube kennen. Er ist ein ehemaliger Partisan, der im Widerstand »Il Vendicatore«, der Rächer, genannt wurde. Er möchte sich den Eltern seines im Kampf verstorbenen Freundes Sante vorstellen. Während Maras Mutter skeptisch bleibt, schließt der Vater – selbst Mitglied der Kommunistischen Partei – Bube sofort ins Herz und behandelt ihn wie seinen eigenen Sohn. Bube besucht die Familie Castellucci immer öfter. Mara und er kommen sich näher und verlieben sich ineinander. Eines Tages erzählt

Bube ihr von den Geschehnissen des Vortags: Er war mit zwei Freunden in San Donato gewesen. Sie wollten die Heilige Messe besuchen, der Priester jedoch identifizierte die jungen Männer anhand ihrer roten Halstücher als ehemalige Partisanen und versperrte ihnen den Weg in die Kirche. Wie auch in den realen Vorkommnissen mischte sich ein Polizist, ein »maresciallo", der seinen kleinen Sohn bei sich hatte, in den Streit ein. Der Disput wurde stärker, bis der Polizist Bubes Freund Umberto erschoss. Der dritte Freund tötete daraufhin den »maresciallo". Bube lief dem flüchtenden Sohn nach und erschoss ihn ebenfalls. Mara nimmt diese Geschichte gelassen zur Kenntnis.

Im zweiten Teil des Romans unternimmt Bube mit Mara einen Ausflug nach Colle, um sie der Familie als seine Verlobte vorzustellen. Unterwegs sieht er Pater Ciolfi im Bus, bei dem er als Kind Messdiener gewesen war und der während der Besatzungszeit mit den Faschisten kollaborierte. Bube will ihm aus dem Weg gehen, aber die Insassen im Bus, die sowohl Bube als auch Pater Ciolfi erkannt haben, fordern von dem ehemaligen »Rächer«, er solle den Priester bestrafen. Bube erledigt, was von ihm verlangt wird und führt den Pater aus dem Bus, dann schlägt er ihn zu Boden. Am nächsten Morgen werden Bube und Mara von Lidori, einem ehemaligen Mitkämpfer Bubes, geweckt. Er teilt ihnen die Aufforderung der Kommunistischen Partei mit, Bube solle aufgrund der Geschehnisse in San Donato untertauchen, da er bereits polizeilich gesucht werde. Bube und Mara verstecken sich in einem leer stehenden Häuschen auf dem Lande, wo sie auf weitere Freunde Bubes warten, die ihn nach Pisa bringen.

Der dritte Teil ist der längste des Romans. Mara und Bube haben Abschied voneinander genommen. Das Mädchen kehrt nach Monteguidi zurück, erkennt aber, dass sie dort nicht länger leben kann. Im Herbst 1945 zieht sie nach Poggibonsi, wo sie bei einer Familie als Hausmädchen lebt und arbeitet. Mara hört nichts mehr von Bube, so dass sie ihn langsam vergisst. Sie lernt Stefano, einen Arbeiter, kennen und verliebt sich in ihn. Dieser will sie heiraten und auch Mara ist zunächst glücklich. Doch ihr schlechtes Gewissen plagt sie: Sie fühlt sich dazu verpflichtet, als »Bubes Mädchen« auf ihren Verlobten zu warten. Irgendwann erhält sie einen Brief von ihrem Verlobten aus Frankreich, in dem er ihr mitteilt, wo er sich versteckt hält. Mara und ihr Vater spekulieren über seine Zukunft und hoffen auf die anstehenden Wahlen des 2. Juni 1946, durch welche die Kommunistische Partei den Sieg erringen und

Bube amnestieren könnte. Die Republik siegt über die Monarchie, aber Bube wird nicht geholfen. Im folgenden Jahr wird er an der französisch-italienischen Grenze festgenommen. In Florenz wird ihm anschließend der Prozess gemacht. Mara ist sich ihrer Gefühle zu Bube nicht mehr sicher, aber ihr Gewissen drängt sie zu ihm zu stehen. Auch, als Bube wegen Mordes zu 14 Jahren Gefängnis verurteilt wird.

Im vierten und kürzesten Teil des Romans hat ein Zeitsprung stattgefunden: Bube ist noch immer im Gefängnis in San Gimignano. Sieben Jahre sind inzwischen vergangen, es ist das Jahr 1954. Auf dem Weg zu einem Gefängnisbesuch trifft Mara zufällig Stefano wieder, der inzwischen verheiratet ist. Resigniert wartet Mara noch immer auf ihren Bube. Sie sucht nicht die Verantwortlichen für ihr gemeinsames Schicksal, sondern hat Bubes Schuld und ihre Bestimmung als seine Frau akzeptiert.

Die wichtigste Figur in *La ragazza di Bube* ist Mara. Der Roman wird in personaler Sicht aus ihrer Perspektive erzählt. Mara vollzieht in den vier Textteilen eine große Wandlung: Anfangs stellt sie ein pubertäres Mädchen dar, das kindlich, eitel und oberflächlich ist. Sie interessiert sich weder für Politik noch für das aktuelle Tagesgeschehen. Das Vorrücken der Alliierten in Italien empfindet sie als aufregendes Abenteuer:

> »È stato così divertente i primi giorni dell'arrivo degli americani! Ce n'erano una quantità accampati sotto la canonica; arrivavano con le macchine in mezzo agli olivi, e in un punto ci avevano spianato per giocarci col pallone.«[198]

Als sie Bube kennen lernt, verliebt sie sich in ihn, doch geht die Verliebtheit nicht über eine jugendliche Schwärmerei hinaus: »Benché un partigiano non fosse così interessante come un americano, Mara rimase a guardarlo.«[199] Als Bube ihr von dem Vorfall erzählt, bei dem er einen Menschen getötet hat, zeigt sie nicht viel Interesse, da sie die Bedeutung nicht wirklich begreift. Dies erläutert auch Peter Pedroni:

> »Mara's innocence and vanity are displayed at the same time that Bube first reports an act of violence. She is aroused by a suspicion that he may going to see another girl, but is completely unimpressed by the fact that he has beaten a man and may be in trouble with the police. Even when Bube [...] tells her about the incidents that led to the shooting of the *maresciallo* and his son, she

[198] Carlo Cassola, *La ragazza di Bube* (1960), Mailand 1997, Bilblioteca Universale Rizzoli, S. 24. Im Folgenden zitiert: Cassola, *LRDB*.

[199] Ebd., S. 25.

> becomes attentive only when Bube mentions the presence of two other girls«.[200]

Mara ist ein unschuldiges junges Mädchen, das erst durch die Geschehnisse um Bube passiv in die Wirklichkeit der Geschichte gezogen wird: »Mara è un tipico personaggio cassoliano, che nasce fuori della storia ed *entra nella storia solo come vittima, mai come protagonista.*«[201]

Während Bube sich im Ausland versteckt hält und Mara in Poggibonsi arbeitet, durchzieht sie eine innere Wandlung. Sie wird ernster und reifer und distanziert sich von ihrem früheren Leben in Monteguidi:

> »Non avrebbe più voluto tornare a essere la stupida ragazzetta di un tempo.«[202] – »I ricordi del suo breve amore si erano allontanati, ma lei era cambiata: non aveva più nulla in comune con la Mara di un tempo.«[203]

Sie lernt Stefano kennen, der ernste Absichten hat und sie heiraten möchte. Mara hat Bube fast vergessen und empfindet für ihn auch nicht mehr wirklich tiefe Gefühle. Langsam begreift sie, dass Bube ihr Leben und ihre persönliche Entfaltung behindert. »Mara a poco a poco cominciò a pensarlo anche lei, che era una disgrazia essersi legata con uno come Bube.«[204] Dennoch ist das Mädchen nicht frei für Stefano und blockt seine emotionalen Annäherungen ab. Mara fühlt sich als »la ragazza di Bube«, als Bubes Mädchen. In der Liebesnacht in der Hütte hatte sie ihm versprochen, für immer auf ihn zu warten, was auch passiere. Dieses Versprechen lastet nun noch immer auf ihr. Sie will auf ihn warten, bis er wieder nach Italien zurück gekehrt sein würde. Mara ist nicht glücklich in ihrer Situation, denn sie verpasst jede Gelegenheit, das Leben zu genießen:

> »›Ma dunque sono destinata a passare la mia giovinezza così, senza l'amore?‹ Un mese prima, aveva compiuto diciassette anni, e le pareva che il meglio della vita fosse già passato.«[205]

---

[200] Peter N. Pedroni, »Carlo Cassola's *La Ragazza di Bube*«, in: Mario B. Mignone (Hg.), *Forum Italicum – A Journal of Italian Studies*, Vol. 11 / Nr. 1, New York 1977, S. 47 - 65, S. 53. Im Folgenden zitiert: Pedroni.

[201] Asor Rosa, S. 318 [Hervorhebungen im Original].

[202] Cassola, *LRDB*, S. 151.

[203] Ebd., S. 159.

[204] Ebd., S. 146.

[205] Ebd., S. 184.

Als sie Bube im Gefängnis besucht, spürt sie, dass sie zu ihm halten muss. Er sagt ihr, dass er nur noch ihretwegen am Leben bleibe und dass er sich umbringen würde, wenn sie nicht wäre. Dies setzt Mara unter Druck und sie fühlt sich Bube verpflichtet. Als ihm schließlich der Prozess gemacht und er zu 16 Jahren Gefängnis verurteilt wird, erklärt Mara noch immer, dass sie zu ihm gehöre. Auch wenn das Mädchen nicht die Gefühle für ihn empfindet, die sie für Stefano hegt, glaubt sie, ihrem Schicksal entgegen treten zu müssen:

»›Il mio destino è un altro‹ disse Mara. ›ho preso un impegno, e lo devo mantenere.‹«[206] – »Ecco, era così: lei era la ragazza di Bube, non poteva abbandonarlo; sarebbe stata un'inaudita vigliaccheria se lo avesse abbandonato ora che era in galera.«[207] – »›Il mio posto è accanto a Bube. Per sempre.‹«[208]

Mara wählt ihre Rolle als Bubes Mädchen und wartet auf ihn. Die »heroic decision«[209] eines Selbstopfers bringt Mara aus moralischen, weniger aus sentimentalen Gefühlen.[210] Sie entschuldigt Bubes Tat. Zwar empfindet sie die Bestrafung als ungerecht, beschuldigt aber niemanden dafür. Sie akzeptiert das eigene Schicksal und das ihres Verlobten. So wie die fiktive Mara wählte die reale Nada Giorgi dieses Schicksal, viele Jahre lang auf ihren Verlobten zu warten. Genau das war der Grund, weshalb Cassola den Roman schrieb. Er bewunderte Nadas Treue zu Bebo und ihre Resignation in ihr Schicksal.[211]

»Solo Bube che doveva fare quattordici anni di carcere: solo quello era vero. Tutto il resto, la gioventù, la bellezza, l'amore, non era stato niente, era stato una beffa e niente altro, una beffa e niente altro...«.[212]

---

[206] Ebd., S. 194.
[207] Ebd., S. 221.
[208] Ebd., S. 223.
[209] Pedroni, S. 63.
[210] Vgl. ebd., S. 56.
[211] Vgl. ebd., S. 63 f.
[212] Cassola, *LRDB*, S. 252.

3.4.2. Die Darstellung der Resistenza in *La ragazza di Bube*

La ragazza di Bube kann wegen Cassolas Infragestellen der Organisatoren des Widerstands nicht als typischer Resistenza-Roman angesehen werden. Im größten Teil der Widerstandsliteratur bezogen die Verfasser nur selten kritisch Stellung zum antifaschistischen Kampf. Cassolas Blick richtet sich zudem nicht direkt auf den bewaffneten Widerstand. Im Roman werden keine Partisanenkämpfe angesprochen geschweige denn dargestellt. Eher geht es um die Nachwirkungen, die der Widerstand für die Beteiligten mit sich zog. *La ragazza di Bube* befasst sich mit den Schwierigkeiten der sozialen Integration der Partisanen nach Kriegsende. Am Beispiel Bubes werden die schweren und unerfüllbaren Bedingungen, die eine Wiedereingliederung in die Gesellschaft unmöglich machen, aufgezeigt. Des Weiteren wird die Enttäuschung der Kommunisten von der politischen Entwicklung Italiens nach 1945 – die »Democrazia Cristiana" siegte 1948 – thematisiert.

Bube wurde mit den Idealen der Resistenza erzogen und hatte während der Kämpfe den Ruf eines Rächers, des »Vendicatore«. Nun hat er den Sohn eines Polizisten getötet und wird dafür verfolgt und bestraft. Bube empfindet dies als ungerecht, hat er doch im Namen der Partei und des CLN gehandelt, welche ihn noch vor wenigen Monaten zu derartigen Taten angespornt hatten:

> »Per lui, il ›Vendicatore‹, cresciuto nel mito della violenza, è addirittura incomprensibile il dover essere perseguitato per aver compiuto un atto che continua ad apparirgli di giustizia.«[213]

Bube bereut den Mord nicht, ganz im Gegenteil, er erzählt Mara stolz von dieser Tat:

> »›L'ho ammazzato io, quello [...]. Quando s'è accorto che lo prendevo di mira, se l'è data a gambe. Ma io non me lo sono lasciato sfuggire [...]. Gli ho trapassato la testa al primo colpo. La pallottola gli è entrata di qui‹ si toccò la fronte ›e gli è uscita dalla nuca. Eh [...] io non sbaglio mai un colpo.‹«[214]

Er fühlt sich noch immer als Rächer, wie viele Textstellen belegen:

> »›Hai fatto male‹ disse Mara recisa. ›Ma come? Dovevo lasciare che il mio compagno rimanesse invendicato?‹«[215] – »›Io li ammazzo tutti, hai capito?

[213] Massimo Valori, *Ipotesi di lavoro su 'La Ragazza Di Bube' e Carlo Cassola*, Florenz 1992, S. 95. Im Folgenden zitiert: Valori.

[214] Cassola, *LRDB*, S. 53.

[215] Ebd., S. 123.

> Tutti!‹«[216] – »›Cosa credevano? Che il nome di Vendicatore lo avessi preso per nulla?‹«[217]

Später, als er in Haft sitzt, bereut Bube das Verbrechen immer noch nicht wirklich. Vielmehr schiebt er die Verantwortung von sich und weist sie den äußeren Umständen zu:

> »›Ma io non volevo! Hai visto, no? anche quando la corriera si fermò a San Lazzero... che quelli intendevano salire e io gliel'ho impedito... [...] a volte uno si trova in una situazione che non può agire diversamente. Prendi quello che è successo a San Donato... ‹«[218]

Der einstige Partisan fühlt sich nach dem Krieg als Opfer der Geschichte[219] – die Ideale seiner Erziehung sind plötzlich nicht mehr gültig und werden sogar strafrechtlich verfolgt. Niemand außer seiner Familie und Mara hilft ihm während des Prozesses. Bube fühlt sich von der Kommunistischen Partei, seinen Freunden und der gesamten Resistenza betrogen:[220]

> »›Sono stati loro [gli amici] a rovinarmi [...] non è forse vero che mi hanno spinto a fare quello che ho fatto? C'è stato forse qualcuno che mi ha fermato la mano? No: me l'hanno armata la mano. Io ero un ragazzo, non sapevo quello che facevo... e quando sono tornato dalla macchia, a vedere come tutti mi rispettavano, anzi, mi lodavano [...] e m'incitavano a continuare [...]‹.«[221]

Bubes Cousin Arnaldo, ein Student, nimmt Bube in Schutz:

> »›Bube c'è stato spinto. [...] Quando tornò dalla macchia, siccome aveva fama di essere stato coraggioso... la gente lo metteva su, gli diceva: Vai a picchiare quello. Vai a picchiare quell'altro. Dicevano così perché loro non volevano esporsi. E Bube si sentiva quasi in obbligo, per essere pari al nome che aveva...‹.«[222]

In mehreren Versionen werden die Beweggründe für den Mord wiederholt. Schließlich wird diese Entschuldigung auch von Bubes Anwalt gegeben:

> »›Orfano di padre, non ha mai avuto nessuno che lo consigliasse, che lo guidasse. Va a fare il partigiano: così giovane, si ritrova a maneggiare una rivoltella, un fucile; e quando torna a casa, la gente gli si mette intorno, e lo incita a continuare, gli dice che bisogna vendicare i caduti [...] ... Che ne sa

---

216 Ebd.

217 Ebd., S. 30.

218 Ebd., S. 123.

219 Vgl. Bertacchini, S. 17.

220 Vgl. Valori, S. 95.

221 Cassola, *LRDB*, S. 245 f.

222 Ebd., S. 230.

lui che ora non è più tempo di sparare e di uccidere? Gli dicono: tu devi tener fede al nome che hai preso: non ti sei forse chiamato Vendicatore?‹«[223]

Auch Mara sieht einen Teil der Verantwortung bei der Partei. Da diese jedoch Bube nicht in Schutz nimmt, wird das Mädchen aktiv und steht zu ihrem Verlobten:

»›I veri responsabili non sono imputati... Prima lo hanno spinto e poi lo hanno lasciato solo a sopportare le conseguenze... Per questo io scelgo di dividerne la responsabilità.‹«[224]

Mara und Bube sind beide Opfer der historischen Entwicklungen. Die Zeit nach der Befreiung Italiens war von politischen und juristischen Unsicherheiten geprägt.[225] Die beiden Hauptfiguren des Romans haben erkannt, dass die Nachkriegszeit nicht mit der Vergangenheit der Partei zu messen ist. Mara ist realistisch und nimmt Bubes Verurteilung resignierend hin. Dabei weist sie niemandem die Schuld zu: »›Nessuno ebbe colpa... fu solo un male.‹«[226] Im Vorwort zu der Auflage von *La ragazza di Bube* von 1980 erklärt Geno Pampaloni:

»Il significato politico de *La ragazza di Bube* coincide con il suo significato poetico: una generazione sconfitta nella sua giovinezza. La Resistenza italiana non è tutta qui, ma è anche questo.«[227]

Die starke Identifizierung mit der Kommunistischen Partei führte bei Bube und Maras Vater zunächst zu der Hoffnung, die Partei werde durch einen Sieg das Verbrechen decken. Der humane Aspekt des Mordes interessiert die beiden nicht. Maras Vater nennt die Faschisten »gente senza coscienza: dopo tutto il male che hanno fatto...«,[228] aber denkt nicht über die verübten Grausamkeiten der Partisanen nach. Erst Bubes Cousin Arnaldo redet von den menschlichen Opfern des Mordes, der Familie der getöteten Menschen.

»Under the influence of her father and other fellow Party members [...], Mara and Bube had never fully considered the human aspect of the crime. Like them they had only considered it in political terms and had placed their hopes in a communist electoral victory or in a general amnesty.«[229]

---

[223] Ebd., S. 233 f.
[224] Ebd., S. 233.
[225] Bertacchini, S. 75.
[226] Cassola, *LRDB*, S. 256.
[227] Geno Pampaloni, »Introduzione«, in: Cassola, *LRDB*, S. 5 - 15, S. 15. Im Folgenden zitiert: Pampaloni.
[228] Cassola, *LRDB*, S. 148.
[229] Pedroni, S. 56.

Viele Literaturwissenschaftler beanstandeten an *La ragazza di Bube* Cassolas Antikommunismus, mit dem der Autor die Partei und die Resistenza verraten würde.[230] Eine Parteikritik übt Cassola in der Tat aus, und zwar durch die Figuren des Romans, von denen die meisten am Ende, wie Bube und Maras Vater, von ihrer Partei enttäuscht sind:

> »Non vi è dubbio che Cassola stigmatizzi in molte pagine il dogmatismo, l'estremismo e il conformismo della politica del Partito comunista, almeno per come essa viene intesa e vissuta dai militanti di base che sono poi la maggior parte dei personaggi del romanzo«.[231]

Italo Calvino kritisierte in *La ragazza di Bube* vor allem, dass Cassola es versäumt habe, die Geschichte der Kommunistischen Partei ausreichend dargestellt zu haben: den Werdegang einer Partei und ihre Wandlung von der Resistenza armata zu einer modernen Partei, die auf einer demokratischen Basis arbeiten könne.[232]

Den PCI zu beschuldigen war jedoch nicht das Hauptanliegen Cassolas. Er wollte die Leser anregen, über die Nachwirkungen der Resistenza und über die Divergenzen zwischen den politischen Vorstellungen von 1945 und der Wirklichkeit nach dem Krieg zu reflektieren.[233] Bubes Schicksal und seine Anschuldigungen, von den Verantwortlichen der Resistenza, vor allem dem PCI, im Stich gelassen worden zu sein, lasen die Vertreter der Linken natürlich nicht gerne. Denn anders als viele andere Autoren stimmte Cassola nicht mit ein in den Lobgesang auf den Widerstand: »La Resistenza cassoliana non è univoca e patriottica come quella ipotizzata dalla storiografia di sinistra degli anni 50«.[234] Gegen den Strom der neorealistischen Richtung legte der Autor sein eigenes Bild von der Widerstandsbewegung und ihrer Nachwirkungen ab 1945 dar:

> »*La ragazza di Bube* si presenta completamente estraneo all'influenza del populismo resistenziale, dal momento che la narrazione segue un procedimento inverso a quello postulato dal neorealismo, muovendosi dall'oggetto al soggetto, cioè dall'esterno all'interno.«[235]

---

[230] Vgl. Valori, S. 16.
[231] Ebd., S. 95.
[232] Vgl. Pampaloni, S. 10.
[233] Vgl. ebd.
[234] Ebd., S. 14.
[235] Rossana Esposito, *Come leggere ›La ragazza di Bube‹ di Carlo Cassola*, Mailand 1978, S. 74.

3.5. Zusammenfassender Vergleich der Romane

Die Autoren der vier behandelten Romane haben ihre Resistenza-Erfahrungen künstlerisch auf unterschiedliche Weise verarbeitet. Jeder von ihnen hat den Zweiten Weltkrieg und den italienischen Widerstandskampf gegen die deutsche Besatzung hautnah miterlebt. Als der bewaffnete Befreiungskampf 1943 begann, waren die Autoren zwischen 20 (Calvino) und 35 Jahren alt (Vittorini und Pavese). Jeder von ihnen setzte sich mit den historischen Geschehnissen auseinander. Italo Calvino und Carlo Cassola schlossen sich den Partisanen und dem bewaffneten Kampf an; Elio Vittorini betätigte sich im Untergrund Mailands, stellte Flugblätter her und fungierte als Kurier. Nur Cesare Pavese konnte nicht über seinen Schatten springen. Er war unfähig, aktiv Stellung zu beziehen, denn zu groß waren sein soziales Außenseitertum sowie seine innere Zerrissenheit.

Aus den einzelnen Erfahrungen der vier Schriftsteller resultierten verschiedene literarische Ergebnisse, mit denen sie Zeugnis über die Zeit im Widerstand ablegten und die Resistenza auf ihre persönliche Weise dem Leser nahe brachten. Jeder von ihnen setzte dabei einen anderen inhaltlichen oder intentionalen Schwerpunkt. Gemeinsam schufen sie ein facettenreiches Bild Italiens zwischen 1943 und 1945. Interessant sind vor allem die variierenden Beschreibungen der Widerstandskämpfer und ihrer Gegner.

Der erste der vier erschienenen Romane war 1945 Elio Vittorinis *Uomini e no*. Noch im selben Jahr, als Italien befreit worden war, erschien das Werk, das die Widerstandsaktivitäten in Mailand beschreibt. Man merkt dem Roman an, wie gering der zeitliche und damit auch der innere Abstand des Verfassers zu den Geschehnissen war. In einer schonungslosen Schwarzweißmalerei werden Unmenschen und Menschen gegenübergestellt. Vittorini macht diese Unterscheidung nicht an Nationalitäten aus, sondern differenziert zwischen gut und böse. Demnach sind alle Nationalsozialisten des Romans dem Bösen und Grausamen zuzuordnen, Ausnahmen gibt es nicht. Die Widerstandskämpfer auf der anderen Seite sind die Helden des Romans: Als durchweg friedlich bezeichnet, führen sie ihren Kampf im Namen der kollektiven Freiheit, die ihre Gewaltanwendung legitimiert.

Ganz anders Italo Calvino, der jüngste der besprochenen Dichter. Er erfuhr die Resistenza auf eine sehr abenteuerliche Weise. In seinem Roman *Il sentiero dei nidi di ragno* beschreibt er den Befreiungskampf, wie er ihn erlebt hatte: Als ein naives Kind, das in der Erzählung durch Pin verkörpert wird, wurde er in die Welt der Partisanen und der dort herrschenden Rohheit und Gewalt geworfen, die ihm bis dahin völlig fremd war. Bunt und aufregend erschienen ihm die Widerstandskämpfer, mit denen er zwanzig Monate in den Bergen und Wäldern Liguriens lebte. Und genauso treten die Partisanen auf, denen Pin sich anschließt: als ein authentischer, durcheinander gewürfelter Haufen von Männern aller gesellschaftlichen Klassen. Sie haben Schwächen und sind nicht unbedingt politisch gebildet. Calvino erhebt sie nicht zu den Helden seiner Geschichte, sondern umschreibt sie als einfache Menschen, die für ein gemeinsames Ziel kämpfen.

In *La casa in collina* beschreibt der Ich-Erzähler Corrado den Widerstand. Wie der Autor Pavese selbst ist auch Corrado distanziert zu den politisch Aktiven, bewundert sie jedoch im Innern. Aber auch sie sind keine Helden. Sie werden vom Autor nicht glorifiziert wie in *Uomini e no*, sondern erscheinen als intelligente Menschen, die sich Gedanken um die politische Lage machen. Sie sehen den Kampf gegen den Nationalsozialismus und gegen den Faschismus als gesellschaftliche Pflicht. Während Vittorini im pathetischen Stil getötete Zivilisten auf einer Mailänder Piazza zu Opfern für die gesamte Menschheit ernennt, wird die Verhaftung der antifaschistischen Gruppe bei Pavese nüchtern dargestellt. Die gegnerische Seite der Resistenza wird in *La casa in collina* kaum dargestellt. Deutsche treten nur am Rande auf und sind für die Handlung nicht wichtig. Corrado bedauert die Toten beider Fronten, sie werden einander gleichgestellt. Der Erzähler unterscheidet nicht wie N2, der die Toten aus den eigenen Reihen bedauert, die der gegnerischen Seite jedoch wortlos hinnimmt. Corrado erkennt keine Differenz zwischen den Getöteten auf der guten und der bösen Seite, für ihn sind alle Todesopfer sinnlos.

Carlo Cassolas *La ragazza di Bube* von 1960 ist das zuletzt erschienene Werk. In einem zeitlich großen Abstand zu den Ereignissen setzt sich der Autor mit den Folgen der Resistenza auseinander. Damit wirft er ein ganz neues Licht auf die Widerstandsbewegung: Er beschreibt die Unmöglichkeit einer Wiedereingliederung der ehemaligen Partisanen in die Gesellschaft. Der bewaffnete Widerstand selbst ist kein Thema mehr. Es geht um die gesellschaftlichen und politischen Entwicklungen Italiens und um seinen Umgang mit der Vergangenheit. Cassola klagt die politisch

Verantwortlichen der Resistenza und dabei besonders den PCI an, ihre Mitglieder im Stich gelassen zu haben.

Zur Darstellung ihrer Widerstands-Erfahrungen wählten die Schriftsteller verschiedene Protagonisten. Auffallend ist hier vor allem Calvinos Hauptfigur. Der kleine Junge Pin erlebt den Widerstand wie ein Abenteuer. Er steht nicht mitten im Geschehen, sondern kommentiert als Außenstehender die Geschehnisse um die bewaffneten Männer im Wald. Dabei führt er den Leser durch die Welt und die Vielfalten des italienischen Widerstands. In Pin spiegelt sich der Verfasser wider, der den Ereignissen damals selbst erstaunt und tief beeindruckt gegenüberstand.

Cesare Pavese wählte die für ihn typische Figur des Intellektuellen, der wie er selbst auch politisch passiv bleibt und als Außenstehender den Geschehnissen nur zusieht. Der Autor wie sein Protagonist fühlen sich dem Widerstand nicht zugehörig. Mit *La casa in collina* legte Pavese ein Selbstzeugnis ab, denn er empfand sich bis zu seinem Lebensende schuldig, nichts zum Freiheitskampf beigetragen zu haben.

Uomini e no von Elio Vittorini beschreibt mit der Figur N2 ebenfalls einen Intellektuellen. Im Gegensatz aber zu Corrado hat N2 als wichtiger Faktor im Mailänder Widerstand gekämpft und getötet. N2 zweifelt jedoch inzwischen an seinem Tun und am Sinn der vielen Opfer. Seine unglückliche private Situation lässt ihn verzagen und scheitern. Am Ende nimmt er seinen eigenen Tod in Kauf, um Cane Nero, den Inbegriff des Bösen, zu erschießen. Das Ende N2s ist somit für die Resistenza von Nutzen.

Bube aus *La ragazza di Bube* nimmt in diesem Vergleich eine Sonderstellung ein. Er fühlt sich als Opfer der Geschichte. Er wurde mit den antifaschistischen Idealen erzogen; plötzlich sind diese Maßstäbe nicht mehr gültig. Bube wird dafür bestraft, nach der Befreiung Italiens so gehandelt zu handeln, wie es ihm einst beigebracht wurde. Er fühlt sich noch immer als »Rächer«, allerdings haben sich die gesellschaftlichen und politischen Umstände um ihn herum verändert.

Besonders die Hauptprotagonisten der Romane Calvinos und Paveses fallen aus dem Rahmen der gewöhnlichen Handlungsträger der Resistenza-Romane. Pin und Corrado erleben den Widerstand auf eine für den Leser bisher ungewohnten Weise und durchbrechen alte Lesegewohnheiten. Sie sind Außenseiter der historischen

Entwicklungen: Pin ist noch ein Kind und deshalb zu jung, um aktiv zu sein; Corrado sieht sich selbst als Individualisten, der über den Geschehnissen steht. Die beiden betrachten den antifaschistischen Kampf in einem kritischen Licht, anstatt in blinder Begeisterung einer Resistenza-Verherrlichung Folge zu leisten. Dadurch tragen Romane wie *Il sentiero dei nidi di ragno* und *La casa in collina* dazu bei, ein sich immer wieder veränderndes Bild der Resistenza zu entwerfen:

> »Sie rütteln bewußt an den bequemen und durch Gewohnheit verfestigten Gewißheiten des kollektiven Gedächtnisses und setzen damit einen Kontrapunkt zu jener durch Konsens festgelegten, bereinigten und 'stimmigen' Version der historischen Ereignisse«.[236]

Zusammenfassend ist festzustellen, dass jeder der vier Autoren seine Erfahrungen aus der Resistenza für seine Erzählung umgesetzt und die eigenen Erkenntnisse in die Hauptfigur projiziert hat. Ob Schwarzweißmalereien oder hinterfragende Betrachtungen: Jeder Roman ist ein persönliches Zeugnis der subjektiven Kriegserlebnisse.

---

[236] Agnes Becherer, »Antifaschismus und Widerstand: Erinnern – Verdrängen – Vergessen. Positionen des Umgangs mit der Vergangenheit in der italienischen Literatur (1945 - 1990)«, in: Heike Brohm; Claudia Eberle; Brigitte Schwarze (Hgg.), *Erinnern – Gedächtnis – Vergessen*, Bonn 2000, S. 57 - 65, S. 64.

4. Die Filme des Neorealismus

Für Benito Mussolini war der Film ein wichtiges Medium für seine faschistische Propaganda. Dementsprechend förderte er dieses wichtige Werbemittel. Die 1926 gegründete »L'Unione Cinematografica Educativa« (LUCE) produzierte Wochenschauen und Dokumentationen. 1932 wurde das weltweit erste Filmfestival in Venedig ins Leben gerufen. »The fascist regime took a genuine interest in the health of the film industry and wanted it to flourish, without, however, insisting upon ideological purity in its products«[237] – Mussolini lagen der italienische Film und die dazu nötige Ausbildung der Filmemacher am Herzen. So wurde 1935 unter Luigi Chiarini die erste Filmschule Italiens, der »Centro Sperimentale di Cinematografia«, gegründet.

Zwei Jahre später eröffnete der Duce die Cinecittà, Europas größtes Filmstudio. Hier wurden während des faschistischen Regimes die später so genannten Filme der »telefoni bianchi«, der weißen Telefone – Statussymbole des mittleren Bürgertums –, gedreht. In dem »Convegno per la Cultura Fascista« in Bologna waren 1925 bestimmte Richtlinien für das Kino erstellt worden, welche zum Beispiel verboten, soziale Themen im Film aufzugreifen:

> »Der Film dieser Jahre, sofern er nicht die Fanfaren der Propaganda bläst, ist der Film der kleinbürgerlichen Träume, der weißen Telefone und des unbeschwerten Lebens, der Film der biederen Gesinnung und der herzhaften Tugenden«.[238]

Schon wenig später, im Jahre 1939, entstand die Filmzeitschrift *Cinema*, die bis 1943 bestand und vom Sohn des Duce, Vittorio Mussolini, geleitet wurde. Die Redaktion bestand aus wichtigen Filmemachern, darunter Giuseppe de Santis, Mario Alicata und Carlo Lizzani. Die Zeitschrift und ihre Mitarbeiter forderten eine generelle Erneuerung des italienischen Films. In einer antifaschistischen Haltung wehrten sie sich gegen das Kino der »weißen Telefone« und dessen Vertuschung der Realität. Die jungen Regisseure setzten sich für eine Filmkunst ein, welche die Realität und die soziale Problematik des Landes anpackte. Mehr und mehr wuchs das Bedürfnis nach Wahrheit, die in der Kunstpraxis dargestellt werden sollte: »›Cinema‹ war vehement

---

[237] Peter Bondanella, *The films of Roberto Rossellini*, Cambridge 1993, S. 5. Im Folgenden zitiert: Bondanella, *Rossellini*.

[238] Martin Schlappner, *Von Rossellini zu Fellini – Das Menschenbild im italienischen Neorealismus*, Zürich 1958, S. 24. Im Folgenden zitiert: Schlappner.

für ein neorealistisches Kino eingetreten, ehe es als Etikett populär wurde.«[239] Die Richtlinien der *Cinema*, nach denen das neue Kino geschaffen werden sollte, waren die folgenden:

»1. Nieder mit der naiven und manierierten Konventionalität, die den größten Teil unserer Produktion beherrscht.

2. Nieder mit den phantastischen oder grotesken Verfertigungen, die menschliche Gesichtspunkte und Probleme ausschließen.

3. Nieder mit jeder kalten Rekonstruktion historischer Tatsachen oder Romanbearbeitungen, wenn sie nicht von politischer Notwendigkeit bedingt ist.

4. Nieder mit jeder Rhetorik, nach der alle Italiener aus dem gleichen menschlichen Teig bestehen, gemeinsam von den gleichen edlen Gefühlen entflammt und sich gleichermaßen der Probleme des Lebens bewußt sind.«[240]

Nach der Vorführung des Films *Uomini sul fondo* (1940), den Roberto Rossellini inszeniert hatte, äußerte sich Manlio Morgani, der Direktor der Presseagentur der Regierung, »Stafani«, folgendermaßen:

»Die lebendige Natürlichkeit jeder Szene und in der Aktion jeden Schauspielers [...] verdient es, als Beispiel für eine neue Richtung der italienischen Filmkunst herangezogen zu werden.«[241]

Der italienische Faschismus produzierte neben propagandistischen Filmen viele Werke, die bereits realistische Züge aufwiesen. Dies natürlich in einer für das Regime harmlosen Weise. Doch schon zu diesem Zeitpunkt wurden die Weichen für den Neorealismus gestellt. Carmine Chiellino bezeichnet die Jahre zwischen 1942 und 1945 als »akute(n) Inkubation des neorealistischen Films«.[242] Martin Schlappner beschreibt die Entwicklung vom faschistischen Propagandafilm zu einer realistischen Kunstrichtung folgendermaßen:

»Der Film [...] mußte gerade durch die Art seiner darstellerischen Mittel in einem entscheidenderen Maße, in einer unverblümteren Weise in die

---

239 Thomas Meder, »Roma città aperta - ›Rom, offene Stadt‹, 1945«, in: Rainer Rother (Hg.), *Mythen der Nationen. Völker im Film*, München / Berlin 1998, S. 332 - 336, S. 335.

240 Ulrich Gregor; Enno Patalas, *Geschichte des modernen Films*, Gütersloh 1965, S. 14 f. Im Folgenden zitiert: Gregor.

241 Manlio Morgano, zitiert nach: Carmine Chiellino, »Der neorealistische Film«, in: Heinz Ludwig Arnold (Hg.), *Text + Kritik – Zeitschrift für Literatur*, No. 63: Italienischer Neorealismus, München 1979, S. 19 - 31, S. 23. Im Folgenden zitiert: Chiellino.

242 Ebd., S. 21.

Opposition zum Regime geraten [...]. Indem er sich einem Publikum empfehlen will, das nicht nur aus Kennern und Snobs besteht, braucht der Film Erzählungen und Tatsachen, muß menschliche Figuren im Spiel und Widerspiel vorführen, Milieus des täglichen Lebens schildern [...]. So geschieht es, daß Filme aus der Aera des Faschismus [...] oft von einem überraschenden Realismus sind. Die Realität, nur angetupft und keineswegs gestaltet mit den Absichten eines kritischen oder beschreibenden Realismus, machte sich [...] selbständig.«[243]

Nachdem der Krieg 1945 beendet und Italien von der deutschen Besatzung befreit worden war, befand sich die italienische Filmproduktion vor allem finanziell am Ende. Die Filmemacher, die jetzt aktiv wurden, waren richtungsweisend für eine neue Filmkunst, die sich entschieden gegen die Ästhetik des Faschismus stellte. Wie auch in der Literatur war diese Abwehrhaltung der Initiator und der gemeinsame Nenner des Neorealismus:

»Der neorealistische Film [enthielt] seine vorwärtstreibende Kraft in sich selbst [...], und zwar mehr als Opposition zu jener faschistischen Ästhetik als in der theoretischen Formulierung einer umgreifenden eigenen.«[244]

Im Gegensatz zur Literatur war Amerika für den neorealistischen Film kein Vorbild. Anders als im amerikanischen Unterhaltungsfilm sollte dem Zuschauer keine heile Welt vorgegaukelt werden, um so die Wirklichkeit der Nachkriegszeit zu übertünchen. Die Wahrheit der Realität bildete das Hauptgerüst der neorealistischen Filme. Unterhaltungsfilme zu drehen, so Rossellini, sei zum Zeitpunkt des Kriegsendes eine völlig absurde Idee gewesen:

»In the postwar period we were faced by this task, and none of us wanted to make what you might call an ›entertainment‹ film. What mattered to us was the investigation of reality, forming a relationship with reality. For the first so-called ›neorealist‹ Italian directors it was undoubtedly a genuine heartfelt act.«[245]

Keine fiktive Welt, sondern der Alltag der Nachkriegszeit war der Hauptprotagonist der neuen Kunstpraxis. Der Regisseur Michelangelo Antonioni betont noch einmal den Aspekt der Wahrheit:

---

[243] Schlappner, S. 23.

[244] Chiellino, S. 23.

[245] »A discussion of Neorealism – An Interview with Mario Verdone«, in: Adriano Aprà (Hg.), *Roberto Rossellini: My Method – Writings and Interviews*, New York 1995, S. 33 - 43, S. 36, übersetzt von Judith White. Im Folgenden zitiert: Rossellini, Verdone.

»Es handelte sich dabei um eine Wahrheit, die vor allem die ›öffentliche Angelegenheiten‹ erforschte, von denen das Individuum nicht mehr der Mittelpunkt, sondern nur noch Bezugspunkt war und in Relation gesetzt bzw. integriert wurde in zwei konzentrische Sozialbezüge: die Umwelt und die Gesellschaft. Ein Ort wie die Straße, an dem sich das öffentliche Sozialleben abspielte, war dafür die natürlichste Ausdrucksform in einem halbzerstört aus dem Krieg herausgegangenen Italien. In filmtechnische Begriffe übertragen, hieß das: *nach der Wahrheit drehen.*«[246]

So entstanden Werke mit sozialem Bewusstsein und dem »impegno«, die Nachkriegszeit in einer möglichst dokumentarischen Weise abzubilden. Verzichtet wurde deshalb auf Filmstars und Glamour à la Hollywood. Die Filmemacher bedienten sich beim Drehen einfacher Mittel, dies zum Teil auch aus den angesprochenen finanziellen Gründen. Laiendarsteller wurden bei der Besetzung bevorzugt. Sie spielten nicht, sondern stellten sich selbst dar und konnten sich unbefangen geben. Zudem durften sie in ihren Dialekten sprechen und gaben damit einer natürlichen und antirhetorischen Ausdruckskraft Raum. Auf literarische Dialoge wurde verzichtet, oft wurde, wie besonders bei Rossellini, improvisiert. Statt in Studios Innenaufnahmen zu drehen, wurden Außenaufnahmen in italienischen Städten und Dörfern bevorzugt. Der Montagetechnik mit vielen Schnitten wurden lange Einstellungen vorgezogen, kurz: Alles sollte so authentisch wie möglich festgehalten werden, keine stilistische Künstlichkeit den Zuschauer von der gezeigten Wirklichkeit entfernen. Roberto Rossellini fasste die neorealistischen Prinzipien folgendermaßen zusammen:

»The realist film has the ›world‹ as its living object, not the telling of a story [...]. It has no love for the superfluous and the spectacular, and rejects these, going instead to the roots of things.«[247]

Nicht nur technisch, sondern auch inhaltlich widmete sich der Neorealismus im Film wie in der Literatur der Wirklichkeit der italienischen Nachkriegszeit. Anders als die neorealistische Dichtung jedoch beachtete der Film in einem größeren Maße auch die sozialen und gesellschaftlichen Themen des Landes. Probleme wie die hohe Arbeitslosigkeit oder die Unterentwicklung des Südens wurden dabei filmisch behandelt. Was lange vom Faschismus verdeckt worden war, wurde nun ans Tageslicht und in die Kinosäle gebracht. Der Neorealismus basierte literarisch wie filmisch auf einer moralischen Basis mit der Ideologie eines christlichen oder

[246] Michelangelo Antonioni, zitiert nach: Chiellino, S. 24 [Hervorhebungen im Original].
[247] Rossellini, Verdone, S. 35 f.

marxistischen Humanismus. Von einem demokratischen Geist angetrieben, versuchte man die faschistische Vergangenheit aufzuarbeiten und den Blick nun auf die Realität zu richten. Wichtige Themen waren hier wie in der Literatur die Resistenza und die Schicksale der Widerstandskämpfer. Vor allem Giuseppe de Santis Dokumentarfilm *Giorni di gloria* (1945) oder *Il sole sorge ancora* (1946) von Aldo Vergano sind bedeutende Vertreter der Widerstandsfilme. Auch Roberto Rossellini widmete zwei Filme seiner Kriegstrilogie dem Widerstandskampf: *Roma città aperta* (1945) und *Paisà* (1946).

Nicht alle Filme der Nachkriegszeit dürfen als neorealistisch eingestuft werden. Von den 822 in Italien zwischen 1945 und 1953 hergestellten Filmen handelt es sich bei lediglich 90 Exemplaren, also bei etwa 10 %, um neorealistische Werke.[248] Bei den breiten Massen fanden die Filme des Neorealismus nie großen Anklang. Zu groß war die Konkurrenz aus Hollywood, das mit seinen Produktionen zwischen 1945 und 1950 in Italien einen Marktanteil von zwei Dritteln besaß.[249]

Die zeitlichen Grenzen des filmischen Neorealismus sind schwer zu ziehen. Die Kernphase des Neorealismus umfasst etwa die Jahre zwischen 1945 und 1948. Als erster Vorläufer wird Luchino Viscontis *Ossessione* von 1942 angesehen. Roberto Rossellini gilt mit seinen Filmen *Roma città aperta* (1945), *Paisà* (1946) und *Germania anno zero* (1947) als »Vater des Neorealismus«. Die wichtigsten Vertreter neben ihm sind – um nur einige zu nennen – Vittorio de Sica (*Sciuscià*, 1946; *Ladri di biciclette*, 1948), der schon erwähnte Luchino Visconti (*La terra trema*, 1948) sowie Giuseppe De Santis, dessen *Riso amaro* von 1949 als Ende der Hauptphase des italienischen Neorealismus zu betrachten ist.

Durch den Wegfall der kommunistischen und sozialistischen Parteien aus der Regierung im Jahre 1948 verblasste das neorealistische Kino. Die Klassengegensätze innerhalb der italienischen Gesellschaft verstärkten sich. Als die »Democrazia Cristiana« mit De Gasperi die Macht übernahm, wurden die restaurativen und reaktionären Kräfte des Staats gestärkt. Aus Angst vor Klassenkämpfen verbot die neue Regierung Filme, die sich eventuell gegen sie richten könnten und führte die

---

[248] Vgl. Peter Bondanella, *Italian cinema – From Neorealism to the present*, New York 1983, S. 35. Im Folgenden zitiert: Bondanella, *Italian cinema*.

[249] Vgl. ebd., S. 36.

Zensur des Faschismus wieder ein. Diesen Angriffen konnte die neue Kunstrichtung nicht Stand halten:

> »Die Zensur auf der einen Seite und das Mißtrauen der Produzenten, die von den Politikern abhängig waren, auf der anderen unterhöhlten den Weg des neorealistischen Kinos und verschonten seinen kühnsten Vertreter nicht.«[250]

Wenn auch nicht in neorealistischem Stil, wurden dem Antifaschismus und der Widerstandsbewegung bis in die heutige Zeit filmische Beachtung geschenkt. Neben zahlreichen Literaturverfilmungen von Resistenza-Romanen standen später vor allem die gesellschaftliche und politische Entwicklung Italiens sowie die daraus resultierenden persönlichen Folgen für die ehemaligen Widerstandskämpfer im Vordergrund. Nach Ende des Neorealismus gewann die Resistenza filmisch wieder ab den Sechzigerjahren mehr Bedeutung. Luigi Comencini verfilmte 1963 Cassolas *La ragazza di Bube.* In *La strategia del ragno* (1969) hinterfragte Bernardo Bertolucci auf psychoanalytische Weise den Mythos. Die neue, kritische Generation wird in diesem Film mit der politischen Aktivität des Vaters konfrontiert. Vor allem *Il sospetto* (1975) Francesco Masellis oder *La notte di San Lorenzo* (1982) der Brüder Taviani dürfen in der Reihe der neuen, »anderen« Resistenza-Filme nicht vergessen werden.

Das Thema der Resistenza ist sowohl in der Literatur als auch im Film noch heute voller Aktualität. Gerade weil die Italiener den Widerstand zum Mythos ihrer Nationalgeschichte erkoren haben, bietet er nach wie vor eine gesellschaftliche und politische Brisanz, deren Verarbeitung im audiovisuellen Medium nicht fehlen darf.

---

[250] Francesco Sepe, »Die Geburt des neorealistischen Films – Ein Interview mit Giuseppe De Santis«, in: Titus Heydenreich; Helene Harth (Hgg.), *Zibaldone*, Nr. 3, München / Zürich 1987, S. 31 - 40, S. 31, übersetzt von Michael Schötensack. Im Folgenden zitiert: Sepe.

4.1. Roberto Rossellini – Sein Leben und Werk

Roberto Rossellini wurde am 8. Mai 1906 in Rom geboren. Er entstammte einer wohlhabenden Familie, zu deren Freundeskreis viele Künstler, Schriftsteller und Musiker zählten. Sein Vater, ein berühmter Architekt, entwarf unter anderem das Cinema Corso in Rom, in dem der kleine Roberto freien Eintritt genoss und seine Liebe zum Film entdeckte. Insgesamt hatten er und seine drei Geschwister eine glückliche und unbeschwerte Kindheit. Robertos Bruder Renzo komponierte später zu den meisten seiner Filme die Musik. Der heranwachsende Roberto hatte Spaß am Leben, genoss den Luxus und das Geld seines Vaters. Er verkehrte in guten Kreisen, hatte zahlreiche Liebschaften und frönte seiner größten Leidenschaft, dem Autorennen.

Als der Vater starb, ging es der Familie Rossellini finanziell schlechter und Roberto sah sich genötigt, eine Anstellung zu suchen. Das Filmgeschäft lag ihm am nächsten, hatte er doch schon viele Kontakte über seinen Vater knüpfen können. Dort durchlief er ab 1932 vom Mischen der Soundeffekte über die Synchronisation bis hin zum Drehbuchschreiben und Editing nahezu alle Bereiche der Branche. Zwischen 1935 und 1940 drehte er seine ersten dokumentarischen Kurzfilme. Schließlich wurden ihm von der Regierung – nicht zuletzt durch seine Freundschaft mit dem Sohn des Duce Vittorio Mussolini – Anfang der Vierzigerjahre eigene Filmprojekte übertragen. Unter dem faschistischen Regime produzierte Rossellini die drei Kriegsfilme *La nave bianca* (1941), *Un pilota ritorna* (1941/1942) sowie *L'uomo della croce* (1942/1943), welche von der Regierung als faschistische Propaganda gedacht waren. Mit den ersten beiden sollte ein verherrlichendes Bild der italienischen Marine und der Luftwaffe entworfen werden. Anders als in Deutschland wurden den Regisseuren im italienischen Faschismus weitaus mehr Freiheiten gelassen. So konnte Rossellini sich künstlerisch ausleben. Er war viel zu unpolitisch, als dass er sich der faschistischen Ideologie verschrieben hätte. Anstatt in bloßer Schwarzweißmalerei die vermeintlichen Kriegshelden zu glorifizieren, entwarf er ein Bild des Menschen in der Schlacht, das in keiner Weise den Krieg verherrlichte.[251] Im Gegenteil:

[251] Vgl. Massimo Mida, *Roberto Rossellini*, Guanda 1953, S. 15. Im Folgenden zitiert: Mida.

> »Der Film [*La nave bianca*] entwirft ein derart deprimierendes Bild vom Krieg, daß es verwunderlich ist, daß er von der Filmabteilung des Marineministeriums produziert worden ist.«[252]

Tatsächlich wurden einige Passagen nach dem Dreh vom faschistischen Kulturministerium den politischen Leitlinien gemäß geändert. Die Frage, wie Roberto Rossellini, der durch seine antifaschistische Kriegstrilogie zu Weltruhm gelangte, noch kurz zuvor Filme für Mussolini produzieren konnte, ist nicht leicht zu beantworten. Sicherlich war er kein Faschist; sein Antifaschismus begann, so Rossellini in einem Interview, schon in seiner Kindheit, als der Duce den Sieg verkündete:

> »All my antifascism [...] dates back to the day of the march on Rome, when Mussolini announced the formation of the first Fascist government from the balcony of the Hotel Savoia. We were very young, my sister, my brother and I, and so we were quite excited as we watched the whole thing from the window of our apartment [...]. My father got home right at that moment. Without as much as casting a glance out the window he said: ›Remember, kids, black's good at hiding dirt.‹ That was my political awakening. All I knew.«[253]

Man kann davon ausgehen, dass Rossellini kein sehr politischer Mensch war und dem Regime eher unkritisch gegenüber stand. Der Faschismus störte ihn in seinem Leben nicht, er unterstützte sogar seine filmische Karriere. Rossellinis Kollege Giuseppe De Santis beschreibt es folgendermaßen: »Rossellini hatte es immer verstanden, so mit den Machthabern auszukommen, daß ihm Vorteile für seine Arbeit daraus erwuchsen.«[254] Rossellini wollte später nicht mehr an seine Karriere unter Mussolini erinnert werden.

Vor 1945 war Rossellini kein Anhänger der Widerstandsbewegung gewesen. Nach Kriegsende jedoch änderte sich seine Einstellung und er sympathisierte politisch mit der Linken, wenn er auch nie in die Kommunistische Partei eintrat. Seine politische Einstellung lässt sich an seiner christlich-humanitären Moral ablesen, die sich in all seinen Filmen widerspiegelt. *Roma città aperta* und *Paisà* sind Abbilder von

---

[252] Rudolf Thome, »Kommentierte Filmografie«, in: Peter W. Jansen; Wolfram Schütte (Hgg.), *Roberto Rossellini*, Reihe Film 36, München / Wien 1987, S. 103 - 268, S. 105. Im Folgenden zitiert: Thome.

[253] »Before *Open City* – An Interview with Francesco Savio«, in: Adriano Aprà (Hg.), *Roberto Rossellini: My Method – Writings and Interviews*, New York 1995, S. 10 - 16, S. 15.

[254] Sepe, S. 38.

Rossellinis moralischer Ideologie, auf die er seinen persönlichen Neorealismus gründete: »My own personal neorealism is nothing but a moral stance that can be expressed in four words: *love for one's neighbor.*«[255] Der Neorealismus stellte für den Regisseur keine fest umrissene, definierte Theorie dar. Er filmte nach eigenen Ideen und Wünschen; dabei stand der Mensch für ihn immer im Mittelpunkt:

> »I'm a filmmaker, not an aesthete, and I don't think I can give an exact definition of neorealism. All I can say is what I feel about it and what ideas I've formed about it [...]. It involves a greater interest in individuals. Modern man feels a need to tell of things as they are, to take account of reality in an uncompromisingly concrete way, which goes with today's interest in statistics and scientific results. Neorealism is also a response to the genuine need to see men for what they are«.[256]

Rossellini betrachtete sich selbst nie als »Vater des Neorealismus«, wie ihn die Kritiker noch heute nennen. Dennoch war er der erste, der in einem vom Krieg zerstörten Italien zur Kamera griff, um Geschichte realistisch fest zu halten. »To me realism is simply the artistic form of truth«[257] – der dokumentarische Charakter der Werke war Rossellinis Garant dafür, die unverfälschte Wirklichkeit darzustellen. Zum dokumentarischen Stil baute er eine Geschichte um Menschen. In halb dokumentarischen, halb fiktiven Filmen behandelte er die Kriegszeit in der *Trilogia della guerra*, der Kriegstrilogie, »il poema più completo e approfondito della Resistenza«.[258] Die drei Filme *Roma città aperta*, *Paisà* und *Germania anno zero* bilden das Triptychon von Rossellinis Bild des Zweiten Weltkriegs in Italien und Deutschland. In *Roma città aperta* stehen der Kriegsalltag und der Widerstand gegen die deutsche Besatzung in Rom im Mittelpunkt, in *Paisà* die Befreiung Italiens durch die Alliierten und die Partisanen; *Germania anno zero* entwirft ein Bild des Nachkriegs-Deutschlands.

Rossellini drehte bis in die Sechzigerjahre Kinofilme. Zu den bedeutendsten zählen neben der *Trilogia della guerra* (1945 - 1947) die Filme *Stromboli, terra di Dio* (1950), *Europa '51* (1952), *Viaggio in Italia* (1954), *India Matri Bhumi* (1957 -

[255] Roberto Rossellini, »I am not the father of neorealism«, in: Adriano Aprà (Hg.), *Roberto Rossellini: My Method – Writings and Interviews*, New York 1995, S. 44 - 46, S. 44 [Hervorhebungen im Original]. Im Folgenden zitiert: Rossellini, »Neorealism«.

[256] Rossellini, Verdone, S. 34 f.

[257] Ebd., S. 35.

[258] Pier Antonio Pipino, »Rossellini poeta della Resistenza«, in: Marco Bongioanni (Hg.), *I film della Resistenza*, Turin 1965, S. 31 - 39, S. 39.

1959) sowie *Il generale della Rovere* (1959). Nach den Kriegsfilmen widmete sich Rossellini filmisch den Schicksalen einzelner Figuren. Sein Interesse an objektiven Darstellungsformen wie Dokumentationen oder historischen Filmen nahm weiter zu. Diese Leidenschaft lebte Rossellini bis zum Ende in zahlreichen Werken aus. Im Jahre 1963 zog er sich vom Kino zurück und produzierte Lehrfilme für das italienische Fernsehen, größtenteils über historische Persönlichkeiten. Berühmt wurden vor allem *La prise de pouvoir par Louis XIV* (1966) oder *Atti degli Apostoli* (1969). Weitere Werke über die Medici, Sokrates, Jesus Christus und Michelangelo, um nur einige zu nennen, folgten.

Rossellini hatte noch viele Pläne, die er nicht mehr realisieren konnte. Er starb am 3. Juni 1977 in Rom an einem Herzinfarkt.

4.1.1. Die Erzähltechnik in den Werken Roberto Rossellinis

Roberto Rossellini verabscheute das amerikanische Kino. Die Unterhaltungsfilme Hollywoods wie etwa die Screwball Comedies der Dreißiger- und Vierzigerjahre mit ihren Stars und den schönen Bildern waren dem italienischen Regisseur zuwider. Er legte keinen großen Wert auf die Ästhetik der Bilder. Viel wichtiger war ihm die Authentizität der Aufnahmen, im Falle der Kriegstrilogie die Wirklichkeit der Nachkriegszeit. In seinen Filmen findet der Zuschauer keine arrangierten Bilder, die nur um ihrer selbst willen aufgenommen wurden. Die Schönheit der Bilder war für Rossellini unwichtig, machte ihn sogar wütend: »Beautiful shots! That is the one thing that makes me sick! A film must be well-directed; that is the least one can expect of a filmmaker, but a single shot need not to be beautiful.«[259] Wichtig war ihm die Aussage der Bilder, nicht ihre Arrangierung. François Truffaut stellte fest: »Rossellini liebt das Kino nicht, auch nicht die Künste im allgemeinen. Er bevorzugt das Leben, er bevorzugt den Menschen.«[260] Tatsächlich steht der Mensch in Rossellinis Werken immer im Mittelpunkt. Um ihn rankt sich das Geschehen :

> »Im Grunde geht es für Rossellini darum, den Menschen wiederzufinden zunächst durch einen strikt dokumentarischen Zug und ihn dann in eine

[259] Roberto Rossellini, »Ten years of cinema«, in: Adriano Aprà (Hg.), *Roberto Rossellini: My Method – Writings and Interviews*, New York 1995, S. 58 - 77, S. 63, übersetzt von David Overbey.

[260] François Truffaut, *Die Filme meines Lebens*, München / Wien 1976, S. 209.

> möglichst einfache, auf möglichst einfache Art erzählte Geschichte zu stürzen.«[261]

Bezeichnend für die Filme Rossellinis ist der dokumentarische Charakter, besonders in seinen frühen Werken wie die Kriegstrilogie. Dieser Stil steht der Wahrheit am nächsten und verhilft den Filmen zu einer Objektivität. Denn der Regisseur wollte darstellen, nicht urteilen:

> »I try to see things, never to make judgments. I try to show things as they are. Everyone is responsible for himself, and I don't feel I have a right to judge. What I am interested in is studying a phenomenon and trying to get into it, but I leave people at liberty. I don't want to act as a moralist, or say what people should do. My position is one of complete objectivity.«[262]

Um auch die größtmögliche Authentizität der Charaktere zu erreichen, wählte Rossellini für die Besetzung seiner Filme hauptsächlich Laiendarsteller,[263] wie es für den Neorealismus typisch war. Die zu sprechenden Texte gab er ihnen erst kurz vor Drehbeginn, strikte Regieanweisungen gab es nicht. Die Darsteller sollten unverbraucht sein und nur sich selbst darstellen. So konnte sie der Regisseur ganz nach seinen Vorstellungen einsetzen: »When you deal with good professional actors, they never exactly fit your own idea of the character you wanted to create.«[264] Rossellini improvisierte während des Drehs von Tag zu Tag. Den Inhalt der Filme hatte er grob im Kopf, aber nach einem Drehbuch richtete er sich kaum, um die »Frische« der Bilder zu bewahren:

> »I never calculate. I know what I want to say and always go for the most direct way of saying it. That's all. I don't lose sleep over it. If it is said, I don't care how it is said [...]. No, nothing was planned in advance, but the ideas were fast and clear [...]. What matters is ideas, not images, if you have very clear ideas in your head you will find the most direct images to express them.«[265]

---

261 Ebd., S. 207.

262 »A panorama of history – Rossellini interviewed by Francisco Llinas and Miguel Marias, with Antonio Drove and Jos Oliver, Madrid, January 1970«, in: Adriano Aprà (Hg.), *Roberto Rossellini: My Method – Writings and Interviews*, New York 1995, S. 179 - 212, S. 201 f., übersetzt von Judith. Im Folgenden zitiert: Rossellini, »Panorama«.

263 Anmerkung: Ausnahmen sind Pina, Don Pietro und Marina aus *Roma città aperta.*

264 Georges Sadoul, »A great italian filmmaker: Roberto Rossellini«, in: Adriano Aprà (Hg.), *Roberto Rossellini: My Method – Writings and Interviews*, New York 1995, S. 17 - 20, S. 19.

265 »An interview with *Cahiers du Cinéma* by Fereydoun Hoveyda and Jaques Rivette« in: Ebd., S. 101 - 113, S.107.

So verzichtete er auch im Vorhinein auf genaue Kameraanweisungen, wie die Bilder zu filmen seien:

> »What could be more absurd than the left-hand column: medium shot-lateral travelling shot – pan and frame... It's a little as though a novelist were to break down his work into discrete grammatical units: page 212 – imperfect subjunctive; then an indirect object... and so on and so forth [...] I count on the ›freshness‹ of the interpretation.«[266]

Rossellinis Affinität zu dokumentarischen Filmen, in denen sich eine fiktionale Geschichte entwickelt, führte ihn in seiner späteren Karriere zur Produktion von Lehrfilmen für das Fernsehen. Die meisten seiner Werke erreichten jedoch nie großen Erfolg beim Publikum. Zu groß war die Konkurrenz aus Amerika: Anstatt die Realität vor Augen geführt zu bekommen, sehnten sich viele Menschen nach dem Krieg gerade danach, dem Alltag im Film zu entfliehen.

4.1.2. Der Film *Roma città aperta* (1945)

Als die deutschen Truppen am 10. September 1943 die Hauptstadt Italiens besetzten, kam es in der Bevölkerung zu zahlreichen Aufständen gegen das Eindringen der Besatzer. Die Abwehr der Italiener wurde nieder gemacht, Rom wurde zur »offenen Stadt« deklariert. Der Status einer »offenen Stadt« besagte, das theoretisch keine bewaffneten Aktionen statt finden durften, weder vonseiten der Besatzungsmacht noch durch die Einwohner. In Rom trat jedoch das Gegenteil ein: Die Nationalsozialisten griffen zu harten und brutalen Repressionsmaßnahmen gegen Widerstandskämpfer, Antifaschisten und Zivilisten. Unter dem SS-Chef Herbert Kappler in der Via Tasso kam es zu vielen Folterungen und nicht zuletzt auch Tötungen von Verhafteten. Die Resistenza erklärte die Proklamation Roms zur »offenen Stadt« als Hohn.

Roberto Rossellini hatte die deutsche Besatzung in seiner Heimatstadt selbst miterlebt. Er musste sich lange Zeit verstecken und lebte vom illegalen Handel mit Seifen. Das Drehbuch zu *Roma città aperta*, an dem Rossellinis Freunde Federico Fellini und Sergio Amidei mitgearbeitet hatten, wurde bereits während der Besatzung geschrieben. Der Film entstand unter schwersten Bedingungen. Nach der Belagerung

---

266 »An interview with *Cahiers du Cinéma* by Eric Rohmer and François Truffaut«, in: Ebd., S. 47 - 57, S. 56 f. Im Folgenden zitiert: Rossellini, Rohmer.

der Hauptstadt gab es weder eine funktionierende Filmwirtschaft noch war Produktionsmaterial oder Geld vorhanden. Rossellini kaufte auf dem Schwarzmarkt Filmreste zusammen. Die Dreharbeiten begannen in der Nacht vom 17. auf den 18. Januar 1945; Norditalien stand noch unter deutscher Besatzung.

Die Uraufführung des Films in Rom im September 1945 war erfolglos, es gab nur schlechte Kritiken. Im Jahre 1946 wurde *Roma città aperta* im Februar in New York und im September in Paris vorgeführt. Die Zuschauer und die Kritiker waren begeistert. Nun begann auch das italienische Volk, dem Film über ihre Vergangenheit Beachtung zu schenken. Bis 1961 wurde der Film in Deutschland wegen »deutschfeindlicher Tendenzen«[267] verboten. Dann wurde er in einer geänderten Version und mit einer anderen Synchronisation als im Original auch in deutschen Kinos vorgeführt.[268] In einem Vorspann vergaß man jedoch nicht, die deutschen Zuschauer zu beruhigen:

> »Dieser Film richtet sich nicht gegen das deutsche Volk. Er klagt nicht den deutschen Soldaten an. Er schildert den Kampf freiheitsliebender Menschen gegen Willkür und Tyrannei.«[269]

Obwohl *Roma città aperta* in Italien zunächst nur schlechte Kritiken erntete, wies er dem italienischen Film eine neue Richtung. Rossellini, der »Initiator des neorealistischen Films«[270] hatte den Weg zu einer neuen Kunstrichtung geebnet. Viele Regisseure traten in seine Fußstapfen: Die Ära des filmischen Neorealismus hatte sich in Italien durchgesetzt. Rossellini gewann für *Roma città aperta* mehrere Auszeichnungen, darunter 1946 den »Großen Preis« der Filmfestspiele in Cannes.

Rossellini hatte zunächst einen Film über den römischen Priester Don Morosini, der im Widerstand tätig war und im Juni 1944 von den Deutschen erschossen worden war, geplant. Nach und nach jedoch erkannte er, dass er die auch selbst durchlittenen Erfahrungen der römischen Bevölkerung während der deutschen Besatzung behandeln musste:

---

[267] Der SPD-Abgeordnete Karl Weishäupl in einem Brief an Rossellini, zitiert nach: Peter W. Jansen; Wolfram Schütte (Hgg.), *Roberto Rossellini*, Reihe Film 36, München / Wien 1987, S. 270. Im Folgenden zitiert: Jansen.

[268] Vgl. Thome, S. 118.

[269] Jansen, S. 278.

[270] Chiellino, S. 25.

»*Open City* is a film about fear, the fear felt by us all but by me in particular. I too had to go into hiding, I too was on the run, I had friends who were captured or killed. It was real fear«.[271]

Roma città aperta spielt an drei Tagen im März 1944. Als deutsche Truppen eine Hausdurchsuchung vornehmen, flieht Giorgio Manfredi, ein wichtiger Widerstandskämpfer und Mitglied des Nationalen Befreiungskomitees CLN, über die Dächer zu seinem Freund, dem Drucker Francesco. Er trifft nur dessen schwangere Verlobte Pina an, die ihren zehnjährigen Sohn Marcello schickt, den Priester Don Pietro zu holen. Der Geistliche unterstützt den Widerstand gegen die Besatzung und fungiert als Vermittler und Bote; diesmal soll er Partisanen Geld überbringen.

Am nächsten Tag, die Hochzeit von Pina und Francesco steht an, wird Francesco bei einer Durchsuchung des ganzen Wohnblocks verhaftet und in einem Laster abtransportiert. Pina läuft dem Wagen nach und wird dabei von deutschen Soldaten erschossen. Kurz darauf wird der LKW von Partisanen befreit und Francesco gerettet – Pinas Tod war wie viele andere umsonst. Giorgio wird von seiner Geliebten, der Schauspielerin Marina Mari, an Ingrid, die Geliebte des Gestapochefs Bergmann, verraten. Zusammen mit Don Pietro und einem österreichischen Deserteur wird er bei einem Fluchtversuch verhaftet und in das Gestapo-Hauptquartier gebracht. Der Österreicher erhängt sich in der Gefängniszelle; Giorgio wird von Major Bergmann verhört und da er nichts sagt, brutal gefoltert. Vor den Augen des Priesters wird er zu Tode gequält. Zur gleichen Zeit sind im Nachbarzimmer Ingrid und Marina beisammen, die von der Folterung und dem Tod ihres Geliebten zunächst nichts mitbekommt, da sie von Ingrid Drogen verabreicht bekommt.

Als Don Pietro verhört werden soll, verrät er nichts. Daraufhin wird er am nächsten Morgen öffentlich erschossen. Marcello und seine Freunde schauen durch einen Zaun der Hinrichtung zu, dabei pfeifen sie ein Partisanenlied. Anschließend ziehen sie langsam davon, vor ihnen das Panorama Roms.

---

[271] Rossellini, Verdone, S. 41.

4.1.2.1. Die Darstellung der Resistenza in *Roma città aperta*

In *Roma città aperta* beschreibt Roberto Rossellini den Widerstand in Rom während der deutschen Besatzungszeit. Hierbei widmet er sich jedoch weniger der Darstellung der Resistenza mit ihren Zielen und Vorgehensweisen, als vielmehr ihrer Bedrohung, Verfolgung und brutalen Unterdrückung durch die Deutschen. Es sollte kein geschichtliches Bild der Okkupation Roms entworfen werden. Der Regisseur suchte den Menschen innerhalb der Geschichte: »Rossellini is not, strictly speaking, historical precisely because he is looking for what, in human beings, transcendends history.«[272]

Bei der Darstellung der Nationalsozialisten wollte Rossellini keiner starren Einteilung in gut und böse Folge leisten. Es war ihm wichtig, die Beweggründe für das Verhalten der Deutschen aufzuzeigen:

> »I didn't [...] want to make the German out to be a demon – I tried to give him a psychology and show him as corrupted and drugged, in order to explain his behaviour and make him understandable as a human being [...]. I tried to explain the Germans – but at that time they were an intangible entity ruling over us, who would come along every so often and beat us up and pull our nails out. They were like a terrible accident that happened over and over again [...]. I wanted to carry out a psychological reconstruction, but I didn't know enough to do so«.[273]

Eine objektive Darstellung der Charaktere gelang ihm in der Tat nicht wirklich. Der Grund dafür mag in der zeitlichen Nähe zu den Geschehnissen liegen, in welcher der Film produziert wurde: Italien war noch nicht vollständig von den Nationalsozialisten befreit und Rom stand noch nicht lange unter dem Schutz der Alliierten. Die schrecklichen Erlebnisse waren noch zu nah, als dass eine objektive, unpersönliche Darstellung dieser Zeit möglich gewesen wäre. So erreicht der Film an einigen Stellen einen pathetischen Status. Die Figuren unterliegen einer starken Schwarzweißmalerei, die Widerstandskämpfer und die Opfer auf der guten, die deutschen Nationalsozialisten auf der bösen Seite, wie auch Peter Brunette feststellt:

> »The vehemence of Rossellini's outrage against the nazis in this film is genuine, and it causes him to portray the struggle between good and evil in clear, uncomplicated black-and-white terms [...]. But this vehemence also

---

[272] Peter Brunette, *Roberto Rossellini*, New York / Oxford 1987, S. 49. Im Folgenden zitiert: Brunette.

[273] Rossellini, »Panorama«, S. 196.

serves to underline the fact that he is taking it very easy indeed on the Italian Fascists [...]. Throughout the film, in fact, the Nazis are seen as the evil ones, the actively malevolent force; the Fascists and other Italian collaborators are portrayed in the humiliating, but decidedly less culpable, role of lackey.«[274]

Die italienischen Faschisten werden im Vergleich zu den deutschen Nationalsozialisten viel humaner dargestellt: als Menschen, die nichts für die Situation können. Sie sind mehr Mitläufer als Verantwortliche und fungieren in dieser Rolle oft als ironische Elemente. Als die schwangere Pina in einer Schlange für Brot ansteht, unterhält sich ein Polizist sehr nett mit ihr, zeigt sich ihrem Zustand gegenüber als besorgt und bringt sie sogar nach Hause. Die faschistischen Soldaten, die später den Häuserblock durchsuchen, schauen den Frauen im Treppenhaus von der darunter liegenden Etage unter die Röcke. Insgesamt gesehen, erscheinen die italienischen Faschisten menschlich und harmlos. Sie wollen der Bevölkerung nichts Böses, da sie selbst in gewisser Weise dazu gehören.

Abb. 1: Bergmann und Ingrid schmieden Pläne (*Roma città aperta*, 01:00:52)

Nicht so die deutsche Besatzung: Durchweg werden sie als schlecht und unmenschlich vorgestellt. An ihrer Spitze steht Major Bergmann; er ist der Inbegriff des Bösen. Anhand seines im Büro hängenden Stadtplans, diverser Fotos und Informationen von Spitzeln durchkämmt er die Stadt kalt und systematisch nach möglichen Widerstandskämpfern. Dabei ist ihm Ingrid, seine Geliebte, behilflich (s. Abb. 1). Die Gefangenen lässt der Major verhören und foltern, wenig nötig, bis zu ihrem Tod. Bergmann nimmt seine Aufgabe sehr genau, mit den Ideologien und Regeln des Nationalsozialismus identifiziert er sich vollkommen.

[274] Brunette, S. 46 f.

Im gesamten Film gibt es nur eine Sequenz, in der sich ein Deutscher kritisch über die nationalsozialistische Ideologie äußert. Es handelt sich um Hauptmann Hartmann, der mit Bergmann, Ingrid, Marina und anderen Soldaten im Musikzimmer sitzt, während im Nachbarzimmer Giorgio gefoltert wird. Im angetrunkenen Zustand äußert er sich zu der Überheblichkeit der Deutschen:

> »Damals glaubte ich auch, die Deutschen gehörten einer Herrenrasse an [...]. Etwas wollen wir Deutschen nie begreifen: dass die Völker frei leben wollen [...]. Wir bringen es nicht weiter als morden, morden! Ganz Europa haben wir mit Leichen übersät. Und auf diesen Gräbern wächst überall Hass, Hass – überall Hass. Wir werden von Hass vertilgt!«[275]

Bergmann fährt ihm sofort harsch über den Mund. Mit dieser Szene versuchte Rossellini zu zeigen, dass nicht alle Nationalsozialisten von ihrem grausamen Handeln überzeugt sind. Doch Hartmann ist betrunken – nur im Rausch, so wird dem Zuschauer suggeriert, lassen die Deutschen ihr wahres Gesicht ans Licht.

Den Nationalsozialisten steht die große Gruppe von einfachen Menschen aus der Bevölkerung gegenüber, die im Widerstand tätig sind: Francesco, Pina, Giorgio und natürlich Don Pietro. Sie alle zeichnen sich im Gegensatz zu Bergmann und seiner kalten Gespielin Ingrid durch Charakterstärke aus. In ihrem Freiheitskampf sehen sie ihrem Schicksal mutig entgegen. Auch wenn sie, wie Pina in der Treppenhaus-Sequenz (s. Abb. 2), oft verzweifeln, verlieren sie letztendlich nie den Optimismus und den Glauben an ihr Tun:

> »Ma quando finirà? Ci sono dei momenti che non ne posso proprio piú. Stinverno sembra che non debba finì mai!« – »Finirà, Pina, finirà... e tornerà pure la primavera, e sarà più bella delle altre, perché saremo liberi. Bisogna crederlo, bisogna volerlo! [...] Io credo che sia così; che non dobbiamo aver paura né oggi, né in avvenire. Perché siamo nel giusto, nella via giusta. Capisci, Pina?« – »Sì, Francesco.« – »Noi lottiamo per una cosa che deve venire, che non può non venire. Forse la strada sarà un po' lunga e difficile... ma arriveremo, e lo vedremo un mondo migliore!«[276]

---

[275] Roberto Rossellini, *Roma città aperta*, Italien 1945 (01:23:53 ff.). Im Folgenden zitiert: *Roma città aperta*.

[276] Ebd. (00:39:36 ff.).

Abb. 2: Pina redet mit Francesco über ihre Ängste (*Roma città aperta*, 00:40:30)

Pina wird erschossen, als sie dem Transporter und ihrem Verlobten nachrennt, Giorgio wird zu Tode gefoltert, der Priester hingerichtet. Obwohl sie alle den Unterdrückern unterliegen, sind sie die Starken, die Helden des Films, die für den kollektiven Frieden gekämpft haben. Ihre Schwäche macht sie zu den wirklich Starken.

Der Tod Pinas gehört zu den tragischsten Momenten des Films. Nachdem deutsche Soldaten versuchen, sie aufzuhalten, läuft die Frau dem Auto nach und wird dabei für einige Sekunden aus der Perspektive Francescos auf dem LKW gefilmt. Sein Blick auf die Verlobte erhöht die Dramatik der Szene. Aus dem Off fallen Schüsse: Pina liegt tot am Boden, ihr Sohn Marcello über sie gebeugt (s. Abb. 3).

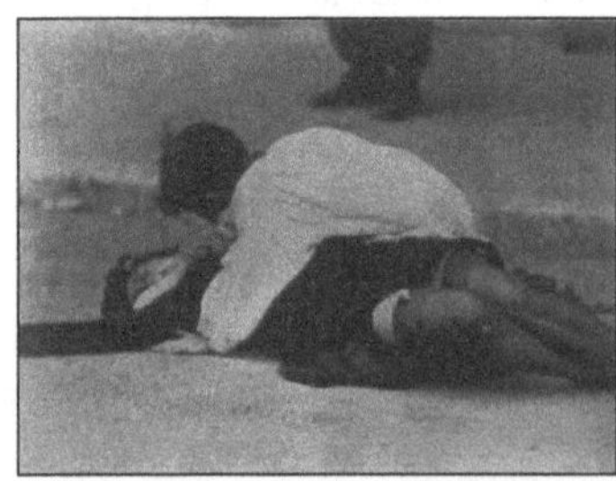

Abb. 3: Marcello kniet sich über seine tote Mutter (*Roma città aperta*, 00:53:34)

In der nächsten Einstellung hält der Priester sie in seinen Armen (s. Abb. 4). Mit diesem Bild setzte Rossellini den sinnlosen Opfer der Resistenza ein Denkmal:

»Das nach Geschlechtern vertauschte leidvolle Andachtsbild der Pietà ist das Ende einer Filmsequenz, die ihren Ehrenplatz im visuellen Gedächtnis der Nachkriegsgenerationen Italiens hat.«[277]

Es ist die »lapidare(n) Darbietung«[278] Pinas Tod, was diese Szene so wirkungsvoll macht. Rossellini arbeitet nicht mit einer spannungssteigernden Dramaturgie, um bestimmte Effekte beim Zuschauer zu erzielen. Ganz im Gegenteil, der Regisseur setzt auf die Unmittelbarkeit des Augenblicks.

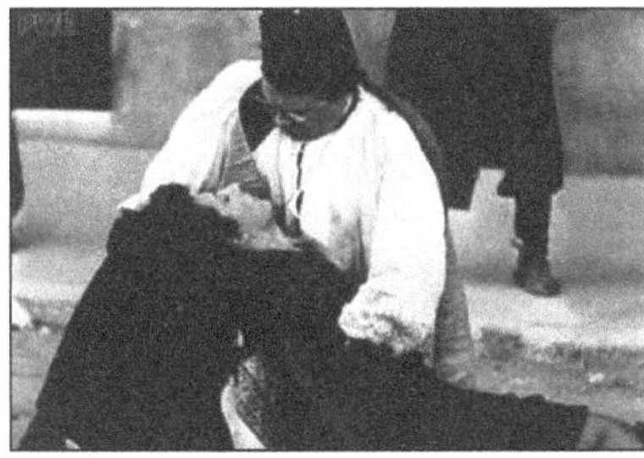

Abb. 4: Don Pietro hält die tote Pina in den Armen (*Roma città aperta*, 00:53:46)

Neben dem Überfall der Partisanen auf den LKW der Nationalsozialisten treffen beide Fronten erst im letzten Teil von *Roma città aperta*, der im Gestapo-Quartier spielt, direkt aufeinander. Dieser Part nimmt etwa ein Drittel der gesamten Filmlänge ein (circa 30 von insgesamt 97 Minuten). Major Bergmanns Härte und perverse Gewalt treten besonders während des Verhörs von Giorgio hervor. Auge in Auge stehen sich das Gute und das Böse gegenüber. Bergmann ist von einer leichten Untersicht gefilmt, zudem ist er dämonisch beleuchtet und wirft große Schatten an die Wand. Der Gegenspieler Giorgio sitzt, bereits blutend, auf einem Stuhl vor ihm. Er wird aus einer Aufsicht gefilmt, da er zu dem Major aufschauen muss. Die Rollen in dieser Sequenz sind klar verteilt: der Deutsche als der Gewalttätige, der Widerstandskämpfer als das Opfer, das sich bis zum Tod wehrt und sich nicht unterkriegen lässt, sondern sich sogar aufbäumt, indem er dem Unterdrücker ins Gesicht spuckt. Das Opfer der Geschichte wird zum Helden.

Rossellini bedient sich wenig später wieder eines Bildes aus dem christlichen Bereich: Giorgio wird mit beiden Armen an die Wand gefesselt und von deutschen Soldaten ausgepeitscht und mit einem Flammenwerfer malträtiert (s. Abb. 5).

[277] Brunette, S. 46 f.
[278] Gregor, S. 22.

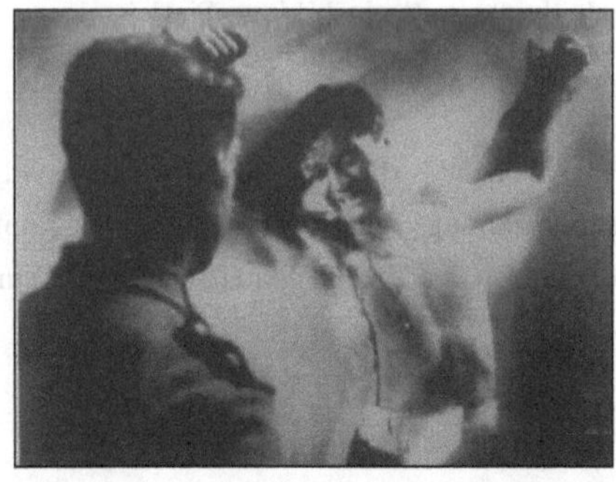

Abb. 5: Giorgio wird zu Tode gefoltert (*Roma città aperta*, 01:27:31)

In dieser Körperhaltung erinnert der Widerstandskämpfer an den sterbenden Christus am Kreuz – ein Vergleich, der Rossellini angeblich fern lag:

> »I know all too well that the tortured communist in *Open City* can bring to mind the face of Christ on the cross [...]. But I have always planned it so that this symbolic dimension would come ›after‹ the movie, ›in addition to it‹, as a second, richer meaning.«[279]

Don Pietro konnte im Nachbarzimmer der Folterung zusehen. Als er aussagen soll, verrät er nichts. Stattdessen verflucht der Priester die deutschen Nationalsozialisten: »Maleddetti – maleddetti!«,[280] bevor er den sterbenden Giorgio segnet (s. Abb. 6).

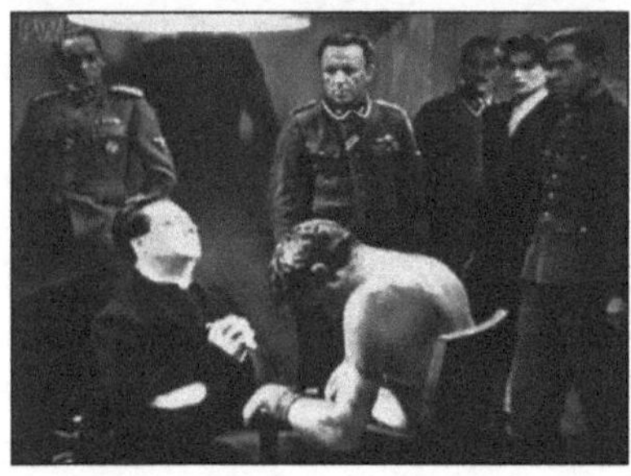

Abb. 6: Don Pietro segnet Giorgio (*Roma città aperta*, 01:30:53)

Nachdem sie von Ingrid unter Alkohol und Drogen gestellt wurde, kommt das Erwachen: Marina Mari sieht und begreift, was die Nationalsozialisten ihrem Freund Giorgio angetan haben (s. Abb. 7). Jedoch kommt jegliche Reue zu spät, denn Giorgio ist bereits tot.

---

279 Rossellini, »Neorealism«, S.45 f.

280 *Roma città aperta* (01:30:31 ff.).

Abb. 7: Marina begreift, was sie getan hat (*Roma città aperta*, 01:31:15)

Der gesamte Film bezeugt, dass Rossellini großen Wert darauf legte, die einfache Bevölkerung Roms als Helden der Resistenza vorzustellen: »Erano ›eroi‹ per tutti, perchè eroi nei quali tutti sapevano ritrovarsi: gli eroi di una resistenza nuova.«[281] So furchtbar die Geschehnisse und so grausam die Taten der Nationalsozialisten sind: *Roma città aperta* ist ein Film, der beim Rezipienten am Ende trotz allem Hoffnung aufkeimen lässt. Die Hauptdarsteller Pina, Don Pietro und Giorgio sterben für ein freies Land. Die deutschen Besatzer erreichen den Höhepunkt ihrer perversen Gewalt in der letzten Filmsequenz, als sie einen Priester erschießen. Ein positiver Ausgang mag unerreichbar erscheinen, aber Rossellini vergisst nicht, einen Funken Hoffnung am Ende zu versprühen. Der Tötung Don Pietros schaut eine Gruppe von Kindern zu, die kurz zuvor noch selbst Partisanen gespielt haben. Darunter der kleine Marcello, der seine Mutter Pina verloren hat. Sie pfeifen ein Partisanenlied, bevor die Schüsse fallen. Don Pietro bemerkt die Jungen; ihre Anwesenheit und ihr Lied scheinen ihm Mut zu geben. Als der Geistliche tot auf dem Stuhl zusammenbricht, ziehen die Kinder langsam davon – vor ihnen das Panorama Roms, im Mittelpunkt der Petersdom (s. Abb. 8):

> »Their solidarity with the priest and movement toward the church of St. Peter suggest their ›apostolic‹ mission of taking up the ideals of the priest: the ideas of renunciation and duty.«[282]

Die Kinder symbolisieren die Zukunft und die Hoffnung Italiens: »Rossellini has created a vision of hope from the first of the many symbolic images associated with

---

[281] Mida, S. 17.

[282] Vincent F[loyd] Rocchio, *Cinema of anxiety: A psychoanalysis of Italian neorealism*, Austin / Texas 1999, S. 49.

children that will characterize almost all of the great neorealist classics.«[283] Die letzte Einstellung ist ein Ausblick auf das römische Panorama. Die Geschichte der Resistenza in Rom wird durch den Blick auf die Stadt zum Stellvertreter für den Widerstand in ganz Italien.[284]

Abb. 8: Nach der Erschießung Don Pietros ziehen die Kinder davon (*Roma città aperta*, 01:36:10)

[283] Bondanella, *Italian cinema*, S. 42.
[284] Vgl. Brunette, S. 51.

4.1.3. Der Film *Paisà* (1946)

Als *Paisà* 1946 in den italienischen Kinos anlief, war das Land gerade ein paar Monate von der deutschen Besatzung befreit. Auch dieser Film wurde wie sein Vorgänger *Roma città aperta* nicht gerade begeistert von Publikum und Kritik aufgenommen. Dennoch gehörte er zu den Siegerfilmen auf den Filmfestspielen 1946 in Venedig. Rossellini schuf ein Werk über die Befreiung Italiens durch die Alliierten und den italienischen Widerstand. Ihr Vorrücken von Süd- nach Norditalien bildet das Handlungsgerüst für die sechs jeweils in sich abgeschlossenen Episoden, die sich darum ranken. Der Film hält sich an den chronologischen Ablauf der 20-monatigen Befreiung. Die Handlung umfasst den Zeitraum von der Landung der Alliierten am 10. Juli 1943 in Sizilien bis zum Winter 1944 in Norditalien und spielt an sechs italienischen Orten. Zwischen den einzelnen Episoden sind dokumentarische Einblendungen in Form von Ausschnitten aus italienischen Wochenschauen über das Vorrücken der Amerikaner und Engländer zu sehen, welche in Form einer »voice-over«, das heißt von einem nicht im Bild gezeigten Erzähler, kommentiert werden. Sie vermitteln dem Zuschauer ein Gefühl von Authentizität und stellen immer wieder den übergeordneten inhaltlichen Zusammenhang zwischen den Episoden her.

Doch das Kriegsgeschehen ist nur ein Aspekt von *Paisà*. Rossellini machte die Geschichte zum Ausgangspunkt für die menschlichen Schicksale dieser Zeit – Tragödien während des Kriegs. Der Regisseur fasste die verschiedenen Gesichtspunkte des zweiten Films seiner Kriegstrilogie zusammen:

> »This is another war movie, about the war in Italy [...]. It also tells of all the tragedies war had caused and left behind. Which were: incomprehension [...], the problem of language [...]; corruption, or, at least the tragedy of misery and hunger [...]; the feeling of love; the meeting of different tendencies, ideas, religions; and finally, the partisans.«[285]

Der Titel Paisà lässt sich auf ein in der Zeit der Befreiung gebräuchliches Wort zurückführen. »Paisà« war die freundliche Anrede, welche die Italiener für die Alliierten gebrauchten. Das Wort stammt von dem Begriff »paesano«, was so viel wie »Landsmann« bedeutet. Rossellini setzte mit diesem Titel den inhaltlichen Schwerpunkt des Films. »The implications of its deeper human signifiance provide

[285] »From *Open City* to *India* - Television conversations«, in: Adriano Aprà (Hg.), *Roberto Rossellini: My Method – Writings and Interviews*, New York 1995, S. 114 - 122, S. 115.

the basis for Rossellini's entire film«;[286] nicht allein die Geschichte steht im Vordergrund, sondern die menschlichen Begegnungen in ihr.

Das Werk besteht aus sechs abgeschlossenen und für sich stehenden Episoden, die zeitlich aufeinanderfolgen. Die Geschichten sind nicht wahllos aneinander gereiht, sondern stehen in einem konkreten Zusammenhang. Den roten Faden bildet das Vorrücken der Alliierten:

> »Paisà ist kein zusammengeleimter Episodenfilm; es gibt einen tiefen, verborgenen Zusammenhang zwischen seinen episodischen Geschichten. Das Bewußtsein des Zuschauers füllt die Leerstellen zwischen ihnen aus, stellt, auf einer kaum bewußten Ebene (fast instinktiv) Verbindungen her, die sich schließlich zu einem einheitlichen Bild zusammenfügen.«[287]

In der ersten Episode erreichen die Alliierten in der Nacht Sizilien, es ist der 10. Juli 1943. In einem Gemeindehaus befragen sie die misstrauischen Dorfbewohner über den Verbleib der deutschen Truppen und eventuelle Landminen. Das junge Mädchen Carmela bietet sich an, den Soldaten den sicheren Weg zu einem Beobachtungsposten zu zeigen. In einer alten Ruine bleibt sie mit dem Soldaten Joe aus Jersey zurück. Die beiden versuchen eine Unterhaltung, was sich aufgrund linguistischer Probleme als sehr schwierig erweist. Die gesamte Sequenz spielt im Dunkeln, was die Disorientation und fehlende Verständigung der Protagonisten zusätzlich unterstreicht. Der Soldat zeigt Carmela ein Foto seiner Familie und entzündet sein Feuerzeug, um besser sehen zu können. Das Licht wird von deutschen Soldaten gesehen, die sich sofort aufmachen. Sie erreichen die Ruine, als Carmela unterwegs ist, um Wasser zu holen. Sie töten Joe und beginnen, die zurückkehrende Carmela zu belästigen. Die anderen amerikanischen Soldaten haben den Schuss gehört und wähnen Joe in Schwierigkeiten. Sie finden ihn tot vor und verdächtigen Carmela. Sie töten das Mädchen und werfen es die Klippen herunter.

Die zweite Geschichte spielt in Neapel kurz nach der Erklärung des Waffenstillstandes. Sie erzählt von einem betrunkenen afroamerikanischen GI, der den Jungen Pasquale kennen lernt. Die beiden sitzen auf einem Trümmerhaufen und unterhalten sich. Der Soldat träumt davon, als Sieger wieder in die USA zurückzukehren. Als er wieder nüchtern wird, erkennt er, dass sein Zuhause nichts als

[286] Bondanella, *Rossellini*, S. 69.
[287] Thome, S. 125 f.

eine Baracke ist: »I don't wanna go home. My home is an old shack«.[288] Als der GI eingeschlafen ist, stiehlt Pasquale ihm die Stiefel. Am nächsten Tag trifft er den Jungen wieder. Er ist böse auf ihn und lädt ihn in seinen Jeep, um ihn zu seinen Eltern zu bringen. Er sieht, dass das Kind in einer großen Höhle mit vielen anderen Menschen haust und dass dessen Eltern durch den Bombenabwurf der Alliierten umgekommen sind. Der GI lässt verzweifelt von Pasquale ab und lässt ihm seine Stiefel da.

Die nächste Episode findet in Rom statt. Die Alliierten, so ist in der Einblendung der Wochenschau zu sehen, haben am 4. Juni 1944 die Hauptstadt erreicht. In einer Bar amüsieren sich ein halbes Jahr später amerikanische Soldaten mit italienischen Frauen. Eine von ihnen, Francesca, nimmt den betrunkenen Fred mit nach Hause. Fred verhält sich sehr abweisend und erzählt ihr von einem Mädchen, das er bei seiner Ankunft in Rom kennen gelernt hatte. In einer Rückblende erinnert sich Fred an dieses Mädchen: Sie hatten sich gut verstanden und versucht, die Sprache des anderen zu lernen. Fred merkt nicht, dass Francesca dieses Mädchen von damals ist und auch sie gibt sich nicht zu erkennen. Er weist sie mit den Worten ab: »Rome is full of girls like you«.[289] Als er einschläft, hinterlässt Francesca ihm ihre Adresse. Am nächsten Tag wartet sie auf ihn, er jedoch wirft den Zettel weg mit den Worten, dass es sich nur um die Adresse einer Hure handele.

In der Umgebung von Florenz ist die vierte Episode angesiedelt. Harriet, eine amerikanische Krankenschwester, arbeitet in einem Lazarett und versorgt verwundete Widerstandskämpfer. Einen von ihnen fragt sie nach ihrem Freund Guido. Sie erfährt, dass er ein wichtiger Partisan geworden sei und nun »Lupo« heiße. Harriet macht sich auf den Weg, ihn zu suchen. Zusammen mit ihrem Bekannten Massimo läuft sie durch Florenz, wo sich deutsche Truppen und Partisanen seit einigen Tagen Gefechte liefern. Die beiden rennen durch das Chaos; die mobile Kamera verdeutlicht die spannungsgeladene Atmosphäre in der Stadt. Vor Harriets Augen wird ein Widerstandskämpfer erschossen. Im Sterben erzählt er ihr von »Lupo«, und dass er ebenfalls an diesem Tag gestorben sei.

288 Roberto Rossellini, *Paisà*, Italien 1946 (00:33:51 ff.). Im Folgenden zitiert: *Paisà*.
289 Ebd. (00:47:00 ff).

Die fünfte Geschichte, die von Fellini entworfen wurde, spielt in der Emilia-Romagna. Drei Militärkapläne der Alliierten gelangen in ein abgeschiedenes Kloster der Franziskanermönche. Sie werden freundlich aufgenommen, ebenso wie die Lebensmittelkonserven, die Captain Martin mitgebracht hat. Dann aber erfahren sie, dass einer der beiden Kapläne Jude ist und ein zweiter Protestant. Die Mönche beraten sich, was nun mit den »anime perdute«, den verlorenen Seelen, zu tun sei. Captain Martin, selber Katholik, versichert, dass die beiden Kollegen wahre Freunde seien und dass eine andere Religion nur ein anderer Weg zur Wahrheitssuche darstelle. Die Mönche lenken ein, schließlich wird doch mit allen drei Kaplänen das Essen eingenommen.

Die letzte Episode ist die chaotischste und grausamste von Paisà. Sie spielt in der Po-Ebene. Deutsche Truppen haben in einem Sumpfgebiet eine Partisanenbrigade und einige Alliierte eingeschlossen. Auf einem Fluss treibt die Leiche eines Mannes. An ihm ist ein Schild mit der Aufschrift »PARTIGIANO« angebracht. Widerstandskämpfer holen den Mann aus dem Wasser und beerdigen ihn. Kurz darauf werden sie und die an ihrer Seite kämpfenden Alliierten von Nationalsozialisten angegriffen und beschossen. Die Deutschen nehmen viele Gefangene, die sie am darauf folgenden Tag gefesselt ins Meer werfen. Der Film endet mit einem Sprecherkommentar: »Questo accadeva nell'inverno del 1944. All'inizio della primavera la guerra era finita«.[290]

Paisà ist nicht nur ein Film über die Befreiung Italiens durch die Alliierten und die Partisanen. Es ist vor allem ein Werk über die Folgen des Kriegs und der Besatzung für die Bevölkerung. Obwohl zwischen jeder Episode Originalausschnitte der italienischen Wochenschauen eingeblendet werden, die das Vorrücken der Alliierten dokumentieren, gelten den historischen Abläufen selbst nur einige Szenen. So ist in der ersten Episode das Ankommen der Amerikaner in Sizilien zu sehen; in Episode vier liefern sich deutsche Soldaten und Partisanen Gefechte; in der letzten Geschichte kämpfen Besatzer und Befreier gegeneinander, die Gefangenen werden von deutschen Truppen ermordet.

»Rossellini verschwendet keinen Gedanken daran, einen Film ‚gegen den Krieg' zu machen. Er zeigt Menschen im Krieg [...]. Er zeigt, was sie machen und was der

---

[290] Ebd. (01:52:26 ff.).

Krieg mit ihnen gemacht hat.«[291] Obwohl der Film einen antifaschistischen Tenor hat, ging es dem Regisseur nicht primär darum, eine politische Aussage zu treffen. Ihn interessierte das Zusammentreffen zweier Kulturen: die Befreier auf der einen und die Befreiten auf der anderen Seite.

> »Rossellini has provided us with the ›facts‹ of the Allied invasion – the brutality, the dreams, the corruption, and the compassion. But the facts alone do not explain the film's greatness. The confontation of two alien cultures, that of the Old World and the New, has been marked by errors, failures of understanding, ambiguity, and – ultimately – tragedy.«[292]

Das Hauptanliegen des Regisseurs war es, die nicht funktionierende Kommunikation untereinander darzustellen. Der Befreiungskrieg hatte zwei einander fremde Welten zusammen gebracht. Die Menschen jedoch waren ihrem Alltag entrissen und waren unfähig, aufeinander zuzugehen:

> »War creates obvious horror and everywhere it goes, but its subtler and more insidious manifestation is, for Rossellini, the way it prevents or distorts the normal, everyday sources of pleasure, like simple communication, which are no less important for being mundane.«[293]

Mit den sechs Geschichten der verschiedenen Landschaften und Menschen Italiens entwarf Rossellini ein umfassendes Bild der Befreiung des Landes. Das Erzähltempo ist schnell, die Episoden sind kurz und enden abrupt, meistens unmittelbar nach dem Höhepunkt. Eine Identifikation des Zuschauers mit den Figuren wird somit verhindert.[294] Peter Brunette erläutert Rossellinis Erzähltechnik in *Paisà*:

> »The effect of this narrative schema is once again to dedramatize the episodes and thus to cause them to be perceived as more real and less conventionally realistic at the same time, primarily by holding off the ›drama‹ – or at least the more blatant moments of emotion – until the very end [...]. Nevertheless, it would be a mistake to think of this film as totally dedramatized and unemotional, for the endings, brief as they may sometimes be, are often quite moving.«[295]

---

[291] Thome, S. 126.
[292] Bondanella, *Italian cinema*, S. 50.
[293] Brunette, S. 65.
[294] Vgl. ebd., S. 71.
[295] Ebd., S. 70.

Paisà ist kein Film, in dem viel gesprochen wird. Ganz im neorealistischen Sinne sprechen die Bilder für sich. Sie drücken das Wesentlichste aus. Rossellini benutzte »die Reduzierung der verbalen Kommunikation, um in den Vordergrund *die Sprache der Dinge* zu rücken.«[296]

4.1.3.1. Die Darstellung der Resistenza in *Paisà*

Der erste Teil der Kriegstrilogie *Roma città aperta* ist ein Film über den Widerstand Roms gegen die deutsche Besatzung. Die Resistenza nimmt auch im zweiten Teil *Paisà* eine zentrale Rolle ein. Obwohl die historischen Ereignisse nicht immer im Mittelpunkt der einzelnen Geschichten stehen, so sind sie doch ihr Ausgangspunkt. In der vierten und in der sechsten Episode ist der Zuschauer Zeuge des bewaffneten Widerstandskampfes der Partisanen. Es handelt sich um die Befreiung Florenz' und um die Gefechte im Po-Delta. »Rossellini trusts the emotion of pure facts«[297] – der Regisseur urteilt nicht, er lässt die Bilder für sich sprechen. Im Gegensatz zu *Roma città aperta* benutzte er hier keine Kameraeinstellungen, die dem Zuschauer ein bestimmtes Bild der Deutschen suggerieren. Rossellini hält die Kamera auf die Kämpfe zwischen Partisanen und Alliierten auf der einen und den deutschen Truppen auf der anderen Seite:

> »Hier wird nicht analysiert oder kommentiert, sondern ›rohe‹ Wirklichkeit wiedergegeben; der Autor ist scheinbar abwesend; die Realität äußert selbst ihren Sinn im unerwartet brutalen schockartigen Kontrast widersprechender Momente. Im Auseinanderbrechen der Wirklichkeit in absurde und unversöhnliche Aspekte offenbart sich der Krieg, aber weniger in seiner historischen Bedeutung als vielmehr in seiner momentanen, gleichsam punktuellen Erfahrung.«[298]

In den historischen Hintergrund sind sechs individuelle Geschichten um einzelne Menschen gebettet, die einen exemplarischen Charakter haben. Der Film zeigt, was die Befreiungskämpfe mit dem Einzelnen gemacht haben und was sie für Auswirkungen auf das zwischenmenschliche Zusammenleben hatten. Das größte Thema innerhalb dieses humanitären Aspekts ist der zwischenmenschlichen Kommunikation gewidmet. Am deutlichsten wird dies in der ersten Episode.

[296] Chiellino, S. 26 [Hervorhebungen im Original].
[297] Brunette, S. 71.
[298] Gregor, S. 23.

Carmela, Vertreterin der sizilianischen Bevölkerung, trifft auf Joe, einen Alliierten. Sie versuchen sich zu unterhalten. Joe zählt die wenigen italienischen Wörter auf, die er kennt und beteuert dem Mädchen die freundschaftlichen Absichten der Amerikaner: »We're friends – friends!«[299] Doch das Gespräch wird abrupt beendet, die Kommunikation schlägt fehl. Joe wird von deutschen Soldaten erschossen. Carmela stirbt auch und zwar durch die Amerikaner. Die zarte Annäherung der beiden wurde zerstört, eine wirkliche Verständigung konnte nicht stattfinden.

Auch die dritte Episode, die in Rom spielt, widmet sich diesem Problem. In einer Rückblende erinnert sich der amerikanische Soldat Fred daran, wie er mit dem römischen Mädchen Francesca anhand eines Wörterbuches versuchte, die Sprache des anderen zu lernen. Die beiden verstanden sich im wahrsten Sinne des Wortes, doch sie mussten sich trennen. Sechs Monate später erkennt Fred Francesca nicht wieder: Sie ist zu einer Prostituierten geworden. Die Zeit hat sie und ihre Moral verändert und letztendlich eine wirkliche Beziehung zwischen den beiden verhindert. Die Geschichte um Francesca und Fred beinhaltet demnach einen zweiten Schwerpunkt: die Moral während der Kriegszeit. Die Lebensumstände haben aus Francesca eine Frau gemacht, die sich an die Soldaten verkauft. Auch die Geschichte in Neapel dreht sich um diesen Punkt. Der kleine Pasquale stiehlt neben Lebensmitteln der Alliierten auch einem GI die Stiefel, während dieser schläft. Nicht aber, ohne ihn vorher zu warnen (s. Abb. 9). Dies war für Rossellini eine Schlüsselszene des gesamten Films:

> »When the black soldier is falling asleep, the child tells him: ›Be careful not to fall asleep or I'll steal your shoes.‹ But the black soldier falls asleep anyway, and the child steals his shoes. It is fair, it is normal, it is this extraordinary game that sets the boundaries of morality.«[300]

Abb. 9: Pasquale und der amerikanische GI (*Paisà*, 00:31:10)

[299] *Paisà* (00:16:44 ff).
[300] Rossellini, Rohmer, S. 55.

Die fünfte Episode spiegelt die klösterliche Abgeschiedenheit der Franziskanermönche in der Emilia-Romagna wider. Sie haben den Krieg unbeschadet überlebt. Das einzige Problem, was sie nach der Befreiung haben, ist, ob sie einen Protestanten und einen Juden beherbergen sollen. An ihnen sind der Krieg und der Widerstand spurlos vorüber gegangen, so scheint es. Doch der Krieg auf italienischem Boden ist noch nicht zu Ende. Unmittelbar vor und nach der religiösen Stille finden grausame Kriegsszenerien statt.

Eine Episode zuvor liefern sich Nationalsozialisten und Partisanen Gefechte in und um Florenz. Harriet, auf der Suche nach ihrem Freund Guido, erlebt zusammen mit dem Zuschauer die schrecklichen Gewalttaten beider Seiten (s. Abb. 10).

Abb. 10: Harriet und Massimo auf der Suche nach Guido (*Paisà*, 01:03:19)

Ein Partisan wird direkt vor ihren Augen erschossen (s. Abb. 11). Kurz darauf wird sie Zeugin der Rachemaßnahmen der Widerstandskämpfer an ihren Gegnern. Die Partisanen haben ebenfalls grausame Taten vollbracht; Rossellini hat nicht vergessen, auch diese Tatsache in *Paisà* mitzuteilen.

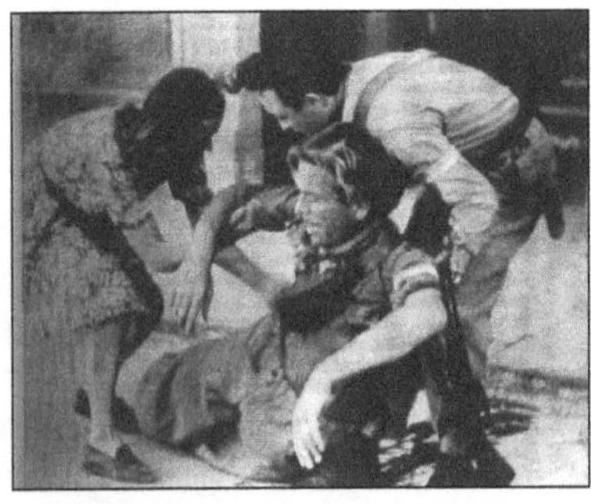

Abb. 11: Harriet kümmert sich um den angeschossenen Partisanen (*Paisà*, 01:15:34)

In der letzten Episode erreichen die Grausamkeiten des Kampfes ihren Höhepunkt. Eine Handlungslinie ist nicht mehr zu erkennen. Alliierte und Partisanen kämpfen im Schilfdickicht gegen den deutschen Feind. Der tote Partisan, der auf dem Fluss treibt, trägt das Schild »PARTIGIANO« (s. Abb. 12).

Abb. 12: Im Fluss treibt ein toter Partisan (*Paisà*, 01:37:33)

Die Herabsetzung des Mannes durch die Deutschen wird kurz darauf umgedreht: Die Widerstandskämpfer holen die Leiche aus dem Wasser und beerdigen sie. Auf den Erdhügel stellen sie das Schild. Die Aufschrift »PARTIGIANO« wird zur Grabinschrift. Wie in *Roma città aperta* wird das gedemütigte Opfer zum Helden. An die Stelle der Bloßstellung tritt das Gefühl von Ehre und Stolz (s. Abb. 13).

Abb. 13: Das Grab des toten Partisanen (*Paisà*, 01:43:22)

Die Alliierten werden in *Paisà* als die guten Helfer der italienischen Bevölkerung dargestellt. So freundlich Joe der Sizilianerin gegenübertritt, erscheint auch der GI dem kleinen Pasquale gegenüber als Freund. Er ist schockiert über die Zustände, in denen das Kind lebt, zudem sind die Eltern des Kleinen durch Bomben der Alliierten getötet worden. Fred aus der Rom-Episode beruhigt Francesca und sieht sich als den

Beschützer der italienischen Bevölkerung: »Now everything's alright, we're here.«[301] Er äußert sich sogar euphorisch: »Bella qui. Bella Roma. Bella tutto!«[302]

Die deutschen Besatzer treten nur an wenigen Stellen auf. In der ersten Episode erschießen sie den Soldaten Joe und versuchen anschließend, auf unangenehme Weise mit Carmela anzubändeln. In der vierten Geschichte werden die Deutschen nicht individuell vorgestellt, sie fungieren als anonyme Kampfgegner der Partisanen in Florenz. Den gewalttätigsten Eindruck hinterlassen die Nationalsozialisten in der letzten Episode. Sie erschießen zahlreiche Gegner und verlassen den Tatort mit den trockenen Worten: »Ist gut, gehen wir!«[303] Nachdem sie den gefangen genommenen Alliierten und Widerstandskämpfern von ihrer zu erfüllenden »Kriegsmission« erzählt haben, töten sie die Männer – wenige Monate, bevor der Krieg zu Ende ist.

Anders als in *Roma città aperta*, dem ersten Teil der *Trilogia della guerra*, arbeitete Rossellini in *Paisà* im eigentlich neorealistischen Sinn. Es gelang ihm, die Aussagen der Bilder nicht durch Einstellungen oder Beleuchtung zu manipulieren, sondern ließ die Bilder für sich sprechen.

---

301 *Paisà* (00:51:05 ff.).
302 Ebd., (00:51:29 ff.).
303 Ebd. (01:49:44 ff.).

4.2. Luigi Comencini – Sein Leben und Werk

Luigi Comencini wurde am 8. Juni 1916 in Salò geboren. Bis 1933 lebte er mit seiner Familie in Frankreich; sein Architekturstudium legte er in Mailand ab. Schon früh begeisterte er sich für den Film und das Kino. Mit dem Regisseur Alberto Lattuada gründete Comencini 1947 das erste private, noch heute bestehende Filmarchiv Italiens, die »Cineteca Italiana di Milano«.

Comencini beschäftigte sich in seiner Anfangszeit als Filmemacher vor allem mit Dokumentar- und Kurzfilmen, die noch in der neorealistischen Tradition standen. Seinen ersten Kurzfilm *La Novelletta* drehte er 1937; der erste Spielfilm *Proibito rubare* folgte 1948. Zudem arbeitete Comencini als Journalist für das Wochenmagazin *Tempo* und die Zeitschrift *Corrente*. Nach dem Krieg war er als Kulturredakteur und Kritiker bei der Zeitschrift *Avanti* tätig. Während seiner Karriere drehte Comencini mehr als 30 Filme für Kino und Fernsehen. Die Resistenza verarbeitete er in zwei Filmen: *Tutti a casa* von 1960 und 1963 in der gleichnamigen Literaturverfilmung des Romans *La ragazza di Bube* von Carlo Cassola. Besonders machte er sich jedoch als Regisseur für Komödien und Kinderfilme einen Namen,[304] bekannt wurde vor allem *Le avventure di Pinocchio* von 1971. Comencini genoss in Frankreich große Anerkennung, die italienische Kritik schenkte ihm erst in den Siebzigerjahren ihre Aufmerksamkeit.

Dem Regisseur wurde oft vorgeworfen, die neorealistische Kunstpraxis verraten zu haben, indem er sich vor allem leichteren Unterhaltungsfilmen widmete. Ihm waren jedoch die Schwierigkeiten bewusst, mit künstlerischen Filmen die Gunst des Publikums zu erlangen: »Avere successo con dei film intelligenti è come cercare di prendere i pesci con le mani nude.«[305] Der neorealistischen Filmkunst stand Comencini kritisch gegenüber. Seiner Meinung nach sei der Film überhaupt nicht zu einer realistischen Darstellung fähig: »Non credo a un cinema realista. Una descrizione letteraria, può essere realista: una rappresentazione, mai.«[306] Deshalb sollten, so Comencini, seine Unterhaltungsfilme auch nicht mit neorealistischem Maß gemessen werden.[307]

[304] Vgl. Giorgio Gosetti, *Luigi Comencini*, Florenz 1988, S. 7. Im Folgenden zitiert: Gosetti.
[305] Luigi Comencini, zitiert nach: Ebd., S. 6.
[306] Ders., zitiert nach: Ebd., S. 3.
[307] Vgl. ders., zitiert nach: Ebd., S. 4.

4.2.1. Der Film *La ragazza di Bube* (1963)

Im Jahre 1963 verfilmte Luigi Comencini den Roman *La ragazza di Bube* von Carlo Cassola. Der Autor arbeitete zunächst am Drehbuch mit, zeigte später aber nicht mehr viel Interesse, wie Comencini behauptet: »Del film, Cassola non ha voluto seguire nulla«.[308] So veränderte der Regisseur das Drehbuch später nach seinen Vorstellungen. Von einer Transkription sprach er bei diesem Werk nicht gerne:

> »Usare la parola trascrizione non mi piace molto. Se si tratta solo di una trascrizione è un incontro inutile quello fra cinema e letteratura, perché sarebbe come illustrare un romanzo. [...] Un film tratto da un libro dovrebbe solo *ispirarsi* a quest'opera...«[309]

Dennoch hielt sich Comencini in vielen Punkten an die literarische Vorlage. Die Figuren, der Handlungsort und die Handlungszeit wurden vom Regisseur übernommen, wenn auch in anderer Gewichtung. So bleiben bestimmte, für den Handlungsablauf unwichtige Protagonisten im Hintergrund, wie etwa Maras Cousine Liliana und ihr Kumpel Mauro. Was den Inhalt betrifft, wurden einige Veränderungen vorgenommen; darauf wird im Folgenden noch näher eingegangen.

Comencinis *La ragazza di Bube* räumt der historischen Dimension des Stoffs weniger Bedeutung ein als Cassolas Werk. Die Resistenza und ihre gesellschaftlichen Folgen bilden den Hintergrund und die Basis für Maras Geschichte. Es gibt mehr Anspielungen auf die geschichtlichen Ereignisse in Italien als im Roman. So werden das Einrücken der Alliierten in Monteguidi, eine Versammlung der Kommunistischen Partei sowie die Ausrufung Italiens zur Republik erwähnt. Diese Szenen gestalten die Handlung jedoch nicht mit, sondern dienen als Anhaltspunkt für den Zuschauer, die Erzählung historisch einordnen zu können. Die Liebesbeziehungen Maras zu Bube und Stefano stehen im Mittelpunkt der Handlung. Wie auch im Roman ist Mara die Hauptfigur. Der Film ist auf ihre innere Entwicklung, auf ihre Liebe und Treue zu Bube fixiert. Comencini bediente sich für die Verfilmung einiger Elemente des Romans, schuf aber eine neue Gewichtung der Themen:

> »Il regista scava all'interno dei romanzi da cui prende le mosse: un movimento oscuro, fatto di piccoli segni che cercano costantemente di evitare un inutile stravolgimento, ma da cui alla fine emerge una dimensione nuova,

---

[308] Ders., zitiert nach: Ebd., S. 43.

[309] Ders., zitiert nach: Ebd. [Hervorhebung im Original].

completetamente cinematografica cui il tempo ha restituito anche l'allora troppo vituperata *Ragazza di Bube.*«[310]

Comencini setzt das Ende des Romans an den Anfang seines Films – Mara sitzt im Zug, sie ist auf dem Weg zu Bube ins Gefängnis. In einer Rückblende erinnert sich das Mädchen an die Ereignisse: Bube war aus dem Partisanenkampf zurückgekehrt und lernte die Familie seines im Kampf gefallenen Freundes kennen. Mara war jung und naiv und verliebte sich in ihn (s. Abb. 14).

Abb. 14: Mara lernt Bube kennen (Comencini, *La ragazza di Bube*, 00:09:31)

Eines Abends erzählte ihr Bube von einem Vorfall: Um seinen Freund zu rächen, der bei einem Streit mit einem Priester von einem Polizeimarschall erschossen wurde, hatte Bube den Sohn des Polizisten getötet. Er handelte nach den Regeln der Resistenza, nach den vom CLN und der Partei gegebenen Grundsätzen, die allerdings nach Ende des Kriegs nicht mehr galten.

Mara versteckte sich mit Bube in einer Hütte. Dort erkannte sie ihr Schicksal: »Come siamo disgraziati!«[311] (s. Abb. 15). Da Bube wusste, dass er für längere Zeit ins Ausland fliehen musste, bot er Mara an, die Verlobung zu lösen.

[310] Ebd., S. 39.

[311] Luigi Comencini, *La ragazza di Bube*, Italien / Frankreich 1963 (00:57:31 ff.). Im Folgenden zitiert: Comencini, *La ragazza di Bube*.

Abb. 15 Mara verspricht Bube, auf ihn zu warten (Comencini, *La ragazza di Bube*, 00:57:09)

Doch das Mädchen wollte unbedingt zu ihm halten und auf ihn warten. Abweichend vom Roman wurde Bube von Freunden nach Jugoslawien gebracht. Dort hielt er sich über Jahre versteckt; Mara bekam keine Nachricht von ihm. Mara wartete auf Bube. Als sie in Poggibonsi eine Arbeit annahm, verliebte sie sich in Stefano (s. Abb. 16). Dieser ist wie im Roman ein Arbeiter, hier aber in einer Druckerei beschäftigt.

Abb. 16: Stefano und Mara lernen sich kennen (Comencini, *La ragazza di Bube*, 01:05:33)

Stefano ist das totale Gegenteil von Bube: Während jener Schwierigkeiten hat, sich in die Nachkriegsgesellschaft wiedereinzuordnen, ist Stefano realistisch und fügt sich als Mitglied der Arbeiterklasse in das gesellschaftliche, kapitalistische System problemlos ein. Mara hatte wegen Bube zunächst ein schlechtes Gefühl, sich auf Stefano einzulassen. Doch nach und nach wurde die Liebe zu Stefano stärker (s. Abb. 17).

Abb. 17: Mara und Stefano kommen sich näher (Comencini, *La ragazza di Bube*, 01:21:49)

Als Mara ihr Gewissen beruhigt hatte und ihr Glück mit Stefano fast perfekt war, hörte sie, dass Bube verhaftet worden war. Ihr Pflichtgefühl drängte sie, Bube beiseite zu stehen, ihn zu unterstützen und auf ihn zu warten.

Als sie ihn im Gefängnis besuchte, war sie sich ihrer Liebe zu ihm nach den drei Jahren nicht mehr sicher. Die beiden saßen sich gegenüber, zwischen ihnen eine großer Abstand (s. Abb. 18).

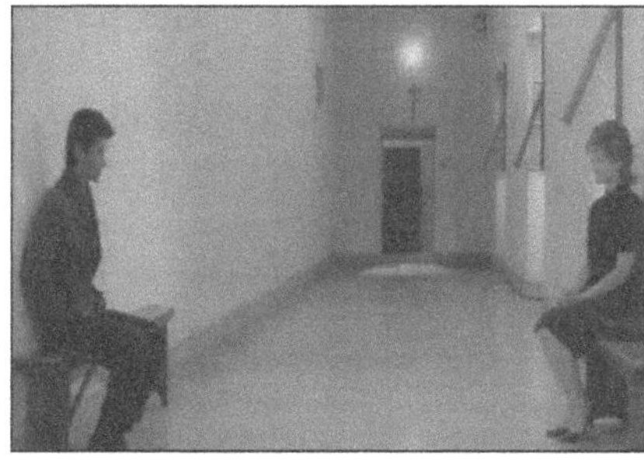

Abb. 18: Mara besucht Bube im Gefängnis (Comencini, *La ragazza di Bube*, 01:24:40)

Mit dieser äußeren Distanz sowie einer Schuss-Gegenschuss-Montage (s. Abb. 19 und 20) spiegelt Comencini ihre innere Fremdheit wieder:

Abb. 19 Abb. 20

Mara sieht Bube nach Jahren wieder (Comencini, *La ragazza di Bube*, 01:28:21)

Mara hielt nicht aus Liebe zu Bube, sondern weil sie ihm damals ihr Versprechen gegeben hatte. Ihr Herz gehörte Stefano. Als Bube wieder in Italien war, da er vor Gericht kam, verzichtete Mara auf ihr persönliches Glück mit Stefano, den sie gerne geheiratet hätte. Sie beendete die Beziehung zu ihm. Denn sie musste ihrem Versprechen zu Bube von damals treu bleiben. Mara stellte ihre persönlichen Bedürfnisse hintan, um ihrem Versprechen von damals treu zu bleiben.

Bube wurde der Prozess gemacht. Mara sagte für ihn aus und unterstützte ihn. Anders als für den Roman spielt die Gerichtsszene im Film keine große Rolle. Die Anwaltsszenen der literarischen Vorlage wurden gestrichen und damit auch die moralischen Rechtfertigungen von Bubes Tat, welche die Verteidiger vorbringen.

Kurz vor der Urteilsverkündung bricht Comencini die Szene ab und macht einen Zeitsprung in die Gegenwart. Mara sitzt wie zu Anfang im Zug, sie ist auf dem Weg zu Bube ins Gefängnis (s. Abb. 21). Für sie ist das Warten keine Qual, wie sie in einem inneren Monolog feststellt: »Quando lo hanno condannato a 14 anni, temevo di non farcelo. Invece è stato così semplice.«[312]

[312] Ebd. (01:45:37 ff.).

Abb. 21: Mara auf dem Weg zu Bube ins Gefängnis (Comencini, *La ragazza di Bube*, 01:45:26)

Comencini folgte in *La ragazza di Bube* keinem neorealistischen Schema. Er wählte für die Besetzung bekannte Schauspieler wie Claudia Cardinale und folgte dabei der Praxis des Starkino der amerikanischen Unterhaltungsfilme. Hierbei fallen die vielen Nahaufnahmen der Protagonisten auf. Inhaltlich wich der Regisseur von den Auswirkungen der Resistenza auf die individuelle Entwicklung seiner Helden. Die Liebe und die Treue Maras zu Bube stehen im Vordergrund des Films. Viele Kritiker haben dieses Vorgehen des Regisseurs beanstandet und sprachen davon, »[Comencini] ertränk(t)e [...] die veristischen Momente seines Films in diffuser Gefühlsseligkeit.«[313] Comencini beabsichtigte es jedoch, durch die individuelle Geschichte um eine Frau zwischen zwei Männern, das Leben widerzuspiegeln:

> »Capire la vita [...] vuol dire guardarla nel suo spessore, spessore umano, spessore civile. Ogni storia rilevata così è rappresentativa di un tutto, di tutta la civiltà, la cultura, i rapporti economici nei quali è immersa.«[314]

[313] Gregor, S. 118.

[314] Luigi Comencini, zitiert nach: Gosetti, S. 11.

4.2.2. Die Darstellung der Resistenza in *La ragazza di Bube*

Comencini verwendete in *La ragazza di Bube* einige Anspielungen auf die historischen Geschehnisse in Italien. So zum Beispiel die Ankunft der Alliierten in Monteguidi, die von den Einwohnern gefeiert wird (s. Abb. 22).

Abb. 22: Mara feiert die Ankunft der Alliierten (Comencini, *La ragazza di Bube*, 00:02:57)

Mara lernt Bube kennen, einen ehemaligen Partisanen. Bube hat einen Mord begangen, den er nicht wirklich bereut. Doch sein Verhalten als »Rächer« wird in der Verfilmung nicht so deutlich wie in der literarischen Vorlage. Den Priester Ciolfi, den er in der Erzählung zusammenschlägt, weil die Einwohner ihn dazu drängen, begleitet er im Film sicher nach Hause und schützt ihn vor den aufgebrachten Menschen. Später im Prozess verteidigt der Geistliche den ehemaligen Partisanen. Bube erscheint nicht mehr als Widerstandskämpfer, der noch immer an eine Gerechtigkeit glaubt. Er ist zutiefst enttäuscht von der Partei und seinen ehemaligen Genossen. Er verkörpert die Enttäuschung vieler ehemaliger politisch Aktiven, die ihre Hoffnung in die Kommunistische Partei gelegt hatten und an eine politisch-soziale Revolution glaubten:

> »E viene infine il periodo convulso e tormentato del dopoguerra, il ritorno alla vita di tutti i giorni, per chi aveva trovato nella guerriglia il suo momento di gloria. Essere uomini comuni, per sé e per gli altri, è difficile dopo tanto tempo alla macchia, tenuti e rispettati, grazie alla protezione del ›mitra‹ e del ›partito‹.«[315]

Doch auf Bubes Wut auf die politisch Verantwortlichen der Resistenza wird nicht so ausführlich eingegangen wie im Roman; Bubes Charakter wird nur oberflächlich entfaltet.

[315] Marco Bongioanni (Hg.), *I film della Resistenza*, Turin 1965, S. 24.

Mara ist wie Bube am Ende von der Verurteilung enttäuscht, sie trägt ihr Schicksal dennoch entschieden und widmet ihr Leben dem Warten auf ihren Verlobten. Für Giorgio Gosetti verkörpert Mara Comencinis Einstellung zu den historischen Geschehnissen nach 1945:

> »Le eroine di Comencini rispecchiano con sufficiente esattezza momenti contrastanti del rapporto fra l'autore e la sua visione del paese che cambia. [...] Agli inizi degli anni '60 (il 1963) egli sembra partecipe di quell'ansia di rilettura critica della realtà non ancora storicizzata (il dopo-guerra) che contagia molti uomini della sua generazione [...] e li porta ad esprimere una fede nelle possibilità di un mondo, più giusto, per reazione alla situazione politica contingente pur con adeguato distacco dalle illusioni del passato.«[316]

Der Film *La ragazza di Bube* kommt dem Anspruch einer Resistenza-Beurteilung nicht nach. Anders als die literarische Vorlage stellte Comencini die Liebesbeziehung und die Persönlichkeit Maras in den Vordergrund. Der Film ist ein Werk über die Protagonistin Mara. Geschichtliche Umstände tauchen immer wieder als Anspielung auf, bleiben jedoch im Hintergrund. Dies ist vor allem auf die Zeit der Sechzigerjahre zurückzuführen, in denen der Film entstand. Fast zwanzig Jahre nach der Befreiung Italiens galt das Hauptinteresse des Filmemachers Comencini nicht mehr der Resistenza. Diese interessierte ihn lediglich als Basis für die außergewöhnliche Geschichte einer Frau zwischen zwei Männern und ihrer inneren Entwicklung.

[316] Gosetti, S. 37.

4.3. Zusammenfassender Vergleich der Filme

Rossellinis *Roma città aperta* und *Paisà* stehen völlig in neorealistischer Tradition, sie sind sogar die Vorreiter der Kunstpraxis der italienischen Nachkriegszeit. Luigi Comencini drehte *La ragazza di Bube* fast zwanzig Jahre später. Sich selbst als Regisseur für Unterhaltungsfilme bezeichnend, grenzte er sich vom Neorealismus und auch von Roberto Rossellini ab. Comencini wollte nicht wie dieser nur die Wirklichkeit darstellen, sondern dem Publikum Geschichten erzählen:

> »C'è però qualche cosa di diverso dal cinema dei maestri come Rossellini. C'è la sensazione che non basti più ricercare storie vere e descriverle creando il Pathos nello spettatore Il mondo vero va indagato, secondo la lezione di De Santis, e scoperto da autentici reporter a caccia di ciò che si nasconde dietro la notizia. Nulla meglio dell'immagine contribuisce ad aggirare le facciate, finché anche il commento sonoro diviene pleonastico.«[317]

Die Distanz zu den neorealistischen Regisseuren wie Rossellini, Zavattini oder De Sica erklärt Giorgio Gosetti vor allem durch die geographische Distanz zwischen den Filmemachern:

> »Questa distanza generazionale influisce [...] in modo determinante, così come il fatto che Comencini s'è formato a Milano, in prossimità di Lattuada, lontano dai fermenti del cinema ›romano‹. C'è molta differenza fra maestri e fratelli maggiori.«[318]

Doch nicht nur formal, sondern auch inhaltlich weisen die drei Filme große Unterschiede auf. Rossellini behandelte in *Roma città aperta* den Widerstand der römischen Bevölkerung in Rom. Zwei Jahre später widmete er der Befreiung Italiens durch die Alliierten und die Partisanen den Film *Paisà*. In beiden Filmen spielen die historischen Entwicklungen eine große Rolle. Während der Regisseur in *Roma città aperta* stellenweise einer starken Schwarzweißmalerei von Nationalsozialisten und Widerstandskämpfern unterlag, ließ er in *Paisà* die Bilder in größerem Maße für sich sprechen, indem er etwa Ausschnitte aus Wochenschauen der Zeit einblendete und so eine starke Authentizität erreichte.

Die Widerstandskämpfer in *Roma città aperta* stehen für ihr Ziel ein, der deutschen Besatzung in der Hauptstadt die Stirn zu bieten. Sie nehmen dafür auch ihren Tod in Kauf. Die Figuren haben starke, ausgeprägte Charaktere. Im Gegensatz dazu treten

---

[317] Ebd., S. 11.
[318] Ebd., S. 19.

die deutschen Nationalsozialisten auf. Sie leben fanatisch nach ihrer politischen Ideologie, sind kalt und berechnend. Rossellini wollte die sich gegenüberstehenden Fronten nicht beurteilen, ihm gelang aber keine objektive Darstellung.

Anders der Film *Paisà*: In sechs Episoden wird ein Bild Italiens während der Befreiung entworfen. Die Geschichten schildern das Zusammentreffen von Befreiern und Befreiten sowie dem Scheitern ihrer Verständigung. Die oft sehr brutalen und grausamen Bilder lassen einer Hoffnung auf ein positives Ende wenig Platz. Der Film ist pessimistischer als der erste Teil der Kriegstrilogie. Während dieser noch in der letzten Sequenz durch die davonziehenden Kinder auf eine bessere Zukunft verweist, bietet *Paisà* weder Hoffnung noch Trost. Rossellini zeigt die Gewalt des Kriegs und die daraus resultierenden Opfer und Verwüstungen auf allen Seiten.

Comencini verfilmte 1963 Cassolas *La ragazza di Bube*. Während der Roman die gesellschaftlich-politischen Auswirkungen der Resistenza behandelt, befasst sich der Film weitgehend mit den persönlichen Problemen der Figuren. Comencini zeigt die innere Entwicklung der Hauptfigur Mara. Sie ist mit einem ehemaligen Partisanen verlobt. Diese Tatsache dient aber nur als Rahmen für die Handlung. Mara hat ein Versprechen gegeben, das sie nun halten will; sie fühlt sich als Bubes Mädchen. Die psychologische Haltung des Mädchens ist das Hauptanliegen des Regisseurs. Bubes Enttäuschung von den politischen Entwicklungen des Nachkriegs-Italiens ist nur ein Nebenschauplatz.

Die drei Filme versuchen jeweils auf ihre Art, ein Bild der Resistenza zu geben. Rossellini drehte *Roma città aperta* und *Paisà* unmittelbar nach der Befreiung des Landes. Seine zwei Filme geben ein unverstelltes Bild des Nachkriegs-Italiens wider. Im Rahmen des Neorealismus zeigt der Regisseur die nackten Tatsachen und führt den Zuschauer an die Kriegsschauplätze. Comencini produzierte den Film *La ragazza di Bube* in den Sechzigerjahren. Sein persönlicher Abstand zu den Geschehnissen war bereits sehr groß, so dass er der individuellen Seite der Geschichte und ihren Folgen in Form einer Liebesgeschichte mehr Bedeutung einräumte.

5. Abschließender Vergleich der literarischen und filmischen Resistenza-Werke

Die analysierten Romane und Filme beschäftigen sich jeweils auf eigene Weise mit dem bewaffneten Widerstand in Italien unter der deutschen Besatzung. Die Autoren und Regisseure haben die selbst gemachten Erfahrungen zwischen 1943 und 1945 in ihren Werken verarbeitet. Ihre Erlebnisse waren verschieden und so sind auch die literarischen und filmischen Verarbeitungen der Resistenza-Erfahrungen unterschiedlich ausgefallen.

Die vier Romane berichten von individuellen Einzelschicksalen während des Widerstands in Italien. Die Erlebnisse der Figuren spiegeln die Eindrücke ihrer Autoren in dieser Zeit wider. Erzählt werden vier Geschichten von unterschiedlichen Charakteren: Elio Vittorini schrieb *Uomini e no* noch während des Kriegs und deshalb auch mit starkem ideologischem Pathos. Das Thema sind die Zweifel des Mailänder Widerstandskämpfers N2 an seiner antifaschistischen Tätigkeit im Untergrund und seine inneren Resignation in das Schicksal.

Italo Calvino machte in *Il sentiero dei nidi di ragno* den Jungen Pin zum Protagonisten seiner Erzählung. Das Kind sucht Zugehörigkeit, schließt sich einer Partisanenbrigade in den Bergen an und erlebt den Widerstand als großes Abenteuer. Objektiv beschreibt der Erzähler durch seine Perspektive dem Leser seine naiven und vorurteilsfreien Eindrücke, die der Verfasser auf dieselbe Art gesammelt hatte. Der Mensch und nicht der Widerstandskämpfer bildet den Mittelpunkt des Romans.

Cesare Pavese gab mit *La casa in collina* ein kritisches Selbstzeugnis: Der Lehrer Corrado steht als Beispiel für den schweren Umgang eines Intellektuellen mit dem Antifaschismus. Inhaltlich brach Pavese mit diesem Roman mit dem neorealistischen Fortschrittsglauben seiner Schriftstellerkollegen. Der Autor überwand die eigene Passivität während der Resistenza nie.

Carlo Cassola schließlich legte in *La ragazza di Bube* nach einem großen zeitlichen Abstand zu den übrigen Werken die Folgen des Widerstands dar. Das Werk erläutert die Unmöglichkeit einer gesellschaftlichen Wiedereingliederung des ehemaligen Partisanen Bube. Dabei äußerte sich der Autor kritisch zu der Funktion und der Verantwortung der Kommunistischen Partei nach Kriegsende.

Die drei Filme entwerfen ebenfalls unterschiedliche Vorstellungen von der Resistenza. Auch sie erzählen von den Erlebnissen der Regisseure beeinflusst Geschichten von einzelnen Figuren im Widerstand. Roberto Rossellini war in der Filmpraxis nicht nur der Initiator des italienischen Neorealismus, sondern auch, trotz seiner Karriere im faschistischen Regime, der Wegbereiter der Resistenza-Filme. Mit der *Trilogia della guerra* entwarf er ein dreiteiliges Werk über den Zweiten Weltkrieg in Italien und Deutschland. Der erste Teil *Roma città aperta* ist vor allem wegen seiner unmittelbaren zeitlichen Nähe zu den historischen Ereignissen interessant. Hier wird deutlich, inwieweit eine nicht vorhandene persönliche Distanz zu den Geschehnissen die Beurteilung der Figuren beeinflusste. Rossellini erzählt in starker Schwarzweißmalerei die Geschichte einer Gruppe von Widerstandskämpfern in Rom während der deutschen Besatzung. Die Figuren stammen aus verschiedenen Schichten: Giorgio ist Mitglied des CLN, Francesco ein Arbeiter, Pina ist allein erziehende Mutter eines Sohnes und Don Pietro ist ein katholischer Priester. Sie alle haben das gemeinsame Ziel der Freiheit, drei dieser vier Menschen sterben auf dem Weg dahin. Dennoch lässt Rossellini beim Zuschauer am Ende Platz für Hoffnung.

In *Paisà* arbeitete Rossellini ein Jahr darauf viel objektiver und ließ die Bilder für sich sprechen, dies vor allem durch Originalaufnahmen der italienischen Wochenschauen. Einige Landbewohner Siziliens, ein Straßenkind aus Neapel, eine Prostituierte in Rom, Florentiner Partisanen, Franziskanermönche in der Emilia-Romagna und Widerstandskämpfer gegen deutsche Soldaten in der Po-Ebene liefern zusammen mit den Alliierten in sechs Episoden unterschiedliche Teilaspekte für ein Gesamtbild der Befreiung des Landes. Dem Zuschauer wird eine brutale Realität vorgeführt. Der Film endet pessimistisch und schließt im Gegensatz zu *Roma città aperta* jegliche Hoffnungen auf ein positives Ende der Geschehnisse aus.

Luigi Comencini verfilmte Carlo Cassolas *La ragazza di Bube*. Dieser Film beschreibt, wie der Roman, die Spätfolgen der Resistenza für denjenigen, der im Widerstand aktiv gewesen war. Allerdings lag Mitte der Sechzigerjahre das Hauptaugenmerk des Regisseurs auf der Liebesgeschichte zwischen Bube und seiner Verlobten Mara.

Zusammenfassend ist festzustellen, dass sowohl die literarischen als auch die filmischen Werke ein jeweils individuelles Bild des zwanzigmonatigen Widerstands geben. Es gibt schwarzweißmalende und verherrlichende, aber auch kritische

Stimmen zu dem Thema. Während der Roman eher das persönliche Schicksal einer Person in den Vordergrund rückt und damit Pars pro Toto einen Eindruck der italienischen Geschichte zwischen 1943 und 1945 gibt, arbeitet der Film in Bild und Ton breit gefächerter. Auf diese Weise wird ein umfassenderes Bild der Resistenza entworfen. Besonders in Rossellinis *Paisà* tritt ein dokumentarischer, weitestgehend urteilsfreier Charakter hervor. Ohne Beurteilung der gegnerischen Fronten erreichte der Regisseur eine große filmische Authentizität, um dem Rezipienten Platz für eigene Erkenntnisse zu lassen.

Der zwanzigmonatige Befreiungskampf genießt in Italien noch heute eine große Aktualität. Historiker diskutieren und streiten nach mehr als 55 Jahren nach Kriegsende noch immer über den Wert des bewaffneten Widerstands. Während die eine Seite seine Bedeutung für die Gründung der Demokratie und des Rechtstaats betont, die Resistenza dabei manchmal sogar zum Mythos erhebt, kritisiert die gegnerische Seite die Verherrlichung von Gewalt und Terror und spricht von einem Bruderkrieg.

Solange die Geschichtsschreibung keine Einigung in der Beurteilung der Resistenza findet, solange wird sie auch in der Kunst von hohem Interesse sein. Die literarischen und filmischen Werke über die Widerstandsbewegung in Italien verarbeiten die unterschiedlichen Meinungen und Denkansätze der Bevölkerung und der Kunstschaffenden. Daher wird es nie ein gleichförmiges Bild von *einer* Resistenza geben.

6. Abkürzungsverzeichnis

CA - Concentrazione Antifascista
CLN - Comitato di Liberazione Nazionale
DC - Democrazia Cristiana
GAP - Gruppi d'Azione Patriottica
GL - Giustizia e Libertà
LUCE - L'Unione Cinematografica Educativa
PCI - Partito Comunista Italiano
Pd'A - Partito d'Azione
PNF - Partito Nazionale Fascista
PSI - Partito Socialista Italiano
RSI - Repubblica Sociale Italiana
SIM - Servizio Informazioni Militare

7. Literatur- und Bildnachweis

7.1. Primärquellen

7.1.1. Romane und Schriftsteller

Calvino, Italo: *Il sentiero dei nidi di ragno* (1947), Mailand 1993, Oscar Mondadori
—, »Presentazione« in: Ebd., S. V - XXV
—, »La letteratura italiana sulla Resistenza«, in: Giorgio Luti; Caterina Verbaro (Hgg.): *Dal Neorealismo alle Neoavanguardia (1945 - 1961)*, Florenz 1995, S. 128 - 130 [ursprünglich in: »Il Movimento di liberazione in Italia«, 1. Juli 1949]

Cassola, Carlo: *La ragazza di Bube* (1960), Mailand 1997, Biblioteca Universale Rizzoli

Pavese, Cesare: *La casa in collina* (1948), Turin 1990, Einaudi
—, *Il mestiere di vivere 1935 - 1950 (1952), Turin 1990*
—, »Ritorno all'uomo«, zitiert nach: Giorgio Luti; Caterina Verbaro (Hgg.), *Dal Neorealismo alle Neoavanguardia (1945 - 1961)*, Florenz 1995, S. 117 – 118 [ursprünglich in: *L'Unità*, Turin 20. Mai 1945]

Vittorini, Elio: *Uomini e no* (1945), Mailand 1965, Oscar Mondadori

7.1.2. Filme und Regisseure

Comencini, Luigi, *La ragazza di Bube*, Italien / Frankreich 1963

Rossellini, Roberto, *Roma città aperta*, Italien 1945

—, *Paisà*, Italien 1946

—, »I am not the father of neorealism«, in: Adriano Aprà (Hg.), *Roberto Rossellini: My Method – Writings and Interviews*, New York 1995, S. 44 - 46 [ursprünglich: »Je ne suis pas le père du neo-réalisme«, in: *Arts*, 16. Juni 1954, S. 3]

—, »Ten years of cinema«, in: Ebd., S. 58 - 77, übersetzt von David Overbey [ursprünglich: »Dix ans de cinéma«, in: *Cahiers du cinéma*, Nr. 50, April / September 1955, S. 3 - 9; Nr. 52, November 1955, S. 3 - 9; Nr. 55, Januar 1956, S. 9 - 15]

»A discussion of Neorealism – An Interview with Mario Verdone«, in: Ebd., S. 33 - 43, übersetzt von Judith White [ursprünglich: »Colloquio sul neorealismo«, in: *Bianco e Nero*, Nr. 2, 1952, S. 7 - 16]

»An interview with *Cahiers du Cinéma* by Eric Rohmer and François Truffaut«, in: Ebd., S. 47 - 57, [ursprünglich: »Entretien avec Roberto Rossellini«, in: *Cahiers du cinéma*, Nr. 37, Juli 1954, S. 1 - 12]

»An interview with *Cahiers du Cinéma* by Fereydoun Hoveyda and Jaques Rivette« in: Ebd., S. 101 - 113 [ursprünglich: »Entretien avec Roberto Rossellini«, in: *Cahiers du cinéma*, Nr. 94, April 1959, S. 1 - 11]

»A panorama of history – Rossellini interviewed by Francisco Llinas and Miguel Marias, with Antonio Drove and Jos Oliver, Madrid, January 1970«, in: Ebd., S. 179 - 212, übersetzt von Judith White [ursprünglich: »Una panorama de la historia. Entrevista con Rossellini«, in: *Nuestro cine*, Nr. 95, März 1970, S. 44 - 60]

»Before *Open City* – An Interview with Francesco Savio«, Ebd., S. 10 - 16 [ursprünglich: Radio-Interview, aufgenommen am 22. September 1974, in: Francesco Savio, *Cinecittà anni trenta*, Rom 1979, Vol. III, S. 961 - 966]

»From *Open City* to *India* - Television conversations«, in: Ebd., S. 114 - 122, S. 115 [ursprünglich: Transkriptionen von Fernsehsendungen für den ORTF in Frankreich, die jedoch nie ausgestrahlt wurden, Rom 1962 (?)]

7.2. Sekundärliteratur

Asor Rosa, Alberto, Scrittori e popolo. Saggio sulla letteratura populista italiana contemporanea, Rom [3]1969

Baroni, Giorgio, *Italo Calvino*, Florenz 1988

Becherer, Agnes, »Antifaschismus und Widerstand: Erinnern – Verdrängen – Vergessen. Positionen des Umgangs mit der Vergangenheit in der italienischen Literatur (1945 - 1990)«, in: Heike Brohm; Claudia Eberle; Brigitte Schwarze (Hgg.), *Erinnern – Gedächtnis – Vergessen*, Bonn 2000, S. 57 - 65

Benussi, Cristina, *Introduzione a Calvino*, Rom / Bari 1989

Bertacchini, Renato, *Carlo Cassola*, Florenz 1988

Bondanella, Peter, Italian cinema – From Neorealism to the present, New York 1983

—, The films of Roberto Rossellini, Cambridge 1993

Bonura, Giuseppe, Invito alla lettura di Italo Calvino, Mailand 1972

Bremer, Thomas, »Den Menschen neuschaffen«, in: Heinz Ludwig Arnold (Hg.), *Text + Kritik. Zeitschrift für Literatur*, Nr. 63: Italienischer Neorealismus, München 1979, S. 3 - 18

—, »Der doppelte Widerstand. Literatur und Kampf gegen den Faschismus in Italien 1922 - 1945«, in: Ders. (Hg.), *Europäische Literatur gegen den Faschismus 1922 - 1945*, München 1986, S. 53 - 79

Brunette, Peter, *Roberto Rossellini*, New York / Oxford 1987

Calligaris, Contardo, *Italo Calvino*, Mailand 1973

Chiellino, Carmine, »Der neorealistische Film«, in: Heinz Ludwig Arnold (Hg.), *Text + Kritik – Zeitschrift für Literatur*, No. 63: Italienischer Neorealismus, München 1979, S. 19 - 31

Cinquemani, Anthony M., »Vittorini's *Uomini e no* and Neorealism«, in: Mario B. Mignone (Hg.), *Forum Italicum – A Journal of Italian Studies*, Vol. 17 / Nr. 2, New York 1983, S. 152 - 163

Esposito, Rossana, Come leggere 'La ragazza di Bube' di Carlo Cassola, Mailand 1978

Eversmann, Susanne, Poetik und Erzählstruktur in den Romanen Italo Calvinos, München 1979

Falaschi, Giovanni (Hg.), La letteratura partigiana in Italia 1943 - 1945, Rom 1984

—, La resistenza armata nella narrativa italiana, Turin 1976

Galaverni, Roberto, »*Prima che il gallo canti*: la guerra di liberazione di Cesare Pavese«, in: Andrea Bianchini, Andrea; Francesca Lolli (Hgg.), *Letteratura e Resistenza*, Bologna 1997, S. 107 - 155

Gazziano, Gaetano, Occasioni e valori del Neorealismo, Florenz 1988

Gesthuisen, Mechthild, Elio Vittorini und sein literarisches Werk in der Zeit, Wesel 1987

Ginzburg, Natalia, »Prefazione«, in: Giovanni Falaschi (Hg.), *La letteratura partigiana in Italia 1943 - 1945*, Rom 1984, S. 7 - 9

Gosetti, Giorgio, *Luigi Comencini*, Florenz 1988

Gregor, Ulrich; Enno Patalas, *Geschichte des modernen Films*, Gütersloh 1965

Guiducci, Armanda, Invito alla lettura di Cesare Pavese, Mailand [2]1974

Hofer, Irène, Das Zeiterlebnis bei Cesare Pavese und seine Darstellung im dichterischen Werk, Winterthur 1965

Hösle, Johannes, *Cesare Pavese*, Berlin 1961

—, *Die italienische Literatur der Gegenwart – von Cesare Pavese bis Dario Fo,* München 1999

Kanduth, Erika, *Cesare Pavese im Rahmen der pessimistischen italienischen Literatur*, Wien 1971

Klinkhammer, Lutz, *Zwischen Bündnis und Besatzung – Das nationalsozialistische Deutschland und die Republik von Salò 1943 - 1945,* Tübingen 1993

Lajolo, Davide, *Kadenz des Leidens – Leben und Werk des Cesare Pavese*, Hamburg 1964

Lenzen, Verena, *Cesare Pavese – Tödlichkeit in Dasein und Dichtung*, München 1989

Luperini, Romano, *Il Novecento*, Turin 1981

Manacorda, Giuliano, *Invito alla lettura di Cassola*, Mailand 1973

Meder, Thomas, »Roma città aperta - Rom, offene Stadt, 1945«, in: Rainer Rother (Hg.), *Mythen der Nationen. Völker im Film*, München / Berlin 1998, S. 332 - 336

Mida, Massimo, *Roberto Rossellini*, Guanda 1953

Pedroni, Peter N., »Carlo Cassola's *La Ragazza di Bube*«, in: Mario B. Mignone (Hg.), *Forum Italicum – A Journal of Italian Studies*, Vol. 11 / Nr. 1, New York 1977, S. 47 - 65

Petersen, Jens, »Mythos Resistenza«, in: Titus Heydenreich; Helene Harth (Hgg.), *Zibaldone*, Nr. 19, München / Zürich 1995, S. 5 - 17

Pipino, Pier Antonio, »Rossellini poeta della Resistenza«, in: Marco Bongioanni (Hg.), *I film della Resistenza*, Turin 1965, S. 31 - 39

Guido Pisi, »Den Unterschied zu vergessen, bedeutet den Sinn der Geschichte aufzugeben«, in: Verein zur Förderung alternativer Medien e.V. (Hg.): *La Resistenza – Beiträge zum Widerstand in Italien*, Erlangen 2001, aus dem Italienischen von Heike Herzog und Matthias Brieger, S. 6 - 7

Ponti, Annalisa, *Come leggere »Il sentiero dei nidi di ragno« di Italo Calvino*, Mailand 1991

Re, Lucia, *Calvino and the Age of Neorealism: Fables of Estrangement*, Stanford / Kalifornien 1990

Rocchio, Vincent F[loyd], *Cinema of anxiety: A psychoanalysis of Italian neorealism*, Austin / Texas 1999

Sadoul, Georges, »A great italian filmmaker: Roberto Rossellini«, in: Adriano Aprà (Hg.), *Roberto Rossellini: My Method – Writings and Interviews*, New York 1995, S. 17 - 20 [ursprünglich: »Un Grand réalisateur italien, Rossellini, qui vendit ses meubles pour tourner *Rome ville ouverte*, a recruté les acteurs de Païsa parmi les badauds«, in: *L'Écran Français*, Nr. 72, 12. November 1946, S. 17 - 18]

Sallager, Edgar, »Elio Vittorinis Roman ›Uomini e no‹«, in: Arno Euler u.a. (Hgg.), *Italienisch – Zeitschrift für italienische Sprache und Kultur*, Nr. 5 / 1981, Frankfurt am Main 1981, S. 18 - 33

Schlappner, Martin, *Von Rossellini zu Fellini – Das Menschenbild im italienischen Neorealismus*, Zürich 1958

Schlumbohm, Dietrich, *Die Welt als Konstruktion – Untersuchungen zum Prosawerk Cesare Paveses*, München 1978

Seidlmayer, Michael, *Geschichte Italiens. Vom Zusammenbruch des Römischen Reiches bis zum ersten Weltkrieg*, Stuttgart ²1989

Sepe, Francesco, »Die Geburt des neorealistischen Films – Ein Interview mit Giuseppe De Santis«, in: Titus Heydenreich; Helene Harth (Hgg.), *Zibaldone*, Nr. 3, München / Zürich 1987, S. 31 - 40, übersetzt von Michael Schötensack [ursprünglich in: *Fiano Romano*, 4. Januar 1984]

Stauder, Thomas, »Giame Pintor – Vom bürgerlichen Intellektuellen zum Widerstandskämpfer«, in: Titus Heydenreich; Helene Harth (Hgg.), *Zibaldone*, Nr. 8, München / Zürich 1989, S. 40 - 50

Thome, Rudolf, »Kommentierte Filmografie«, in: Peter W. Jansen; Wolfram Schütte (Hgg), *Roberto Rossellini*, Reihe Film 36, München / Wien 1987, S. 103 - 268

Truffaut, François, *Die Filme meines Lebens*, München / Wien 1976

Valori, Massimo, Ipotesi di lavoro su 'La Ragazza Di Bube' e Carlo Cassola, Florenz 1992

Zangrilli, Franco, *La forza della parola*, Ravenna 1992

7.3. Zeitungsausschnitte

Petersen, Jens, »Die schönsten Jahre sind dahin«, in: *Frankfurter Allgemeine Zeitung*, Nr. 95, 25. April 1994, S. 37

—, »Die Verwandlung des Gartens in eine Kaserne«, in: *Frankfurter Allgemeine Zeitung*, Nr. 5, 7. Januar 1998, S. 31

—, »Die Axt an den Mythos legen«, in: *Frankfurter Allgemeine Zeitung*, Nr. 299, 24. Dezember 1997, S. N7

7.4. Elektronische Medien

Ricerca Storica Multimediale / Stefano Buonamico; Flaviano Pizzardi; Franco Tomassi (Hgg.), *La Resistenza 1943 - 1945. L'Italia dal fascismo alla Repubblica* (CD-Rom), Mailand 1996, Laterza

7.5. Bildnachweis

7.5.1. Roberto Rossellini, *Roma città aperta*

Abb. 1: *Cinema* (Hg.), »Fotogalerie *Rom, offene Stadt*« <http://www.cinema.de/iimages/0,,71866-240-360-jar-ex,00.jpg> (1. März 2002)

Abb. 2: Ebd., <http://www.cinema.de/iimages/0,,71881-240-360-jar-ex,,00.jpg> (1. März 2002)

Abb. 3: Adriano Aprà (Hg.), *Roberto Rossellini: My Method – Writings and Interviews*, New York 1995 [o.S.]

Abb. 4: *Cinema* (Hg.), »Fotogalerie *Rom, offene Stadt*«, <http://www.cinema.de/iimages/0,,71875-240-360-jar-ex,00.jpg> (1. März 2002)

Abb. 5: Adriano Aprà (Hg.), *Roberto Rossellini: My Method – Writings and Interviews*, New York 1995 [o.S.]

Abb. 6: *Cinema* (Hg.), »Fotogalerie *Rom, offene Stadt*«, <http://www.cinema.de/iimages/0,,71874-240-360-jar-ex,00.jpg> (1. März 2002)

Abb. 7: Thomas Meder, »Roma città aperta - Rom, offene Stadt, 1945«, in: Rainer Rother (Hg.), *Mythen der Nationen. Völker im Film*, München / Berlin 1998, S. 332 - 336, S. 333

Abb. 8: Rudolf Thome, »Kommentierte Filmografie«, in: Peter W. Jansen; Wolfram Schütte (Hgg.), *Roberto Rossellini*, Reihe Film 36, München / Wien 1987, S. 103 - 268, S. 124

7.5.2. Roberto Rossellini, *Paisà*

Abb. 9: Adriano Aprà (Hg.), *Roberto Rossellini: My Method – Writings and Interviews*, New York 1995 [o.S.]

Abb. 10: Rudolf Thome, »Kommentierte Filmografie«, in: Peter W. Jansen; Wolfram Schütte (Hgg.), *Roberto Rossellini*, Reihe Film 36, München / Wien 1987, S. 103 - 268, S. 127

Abb. 11: Ebd., S. 129

Abb. 12: Renzi, Lisetta und Renzo (Hgg.), »Paisà«, <http://www.cinemaitaliano.net/foto/paispart1.jpg> (1. März 2002)

Abb. 13: Adriano Aprà (Hg.), *Roberto Rossellini: My Method – Writings and Interviews*, New York 1995 [o.S.]

7.5.3. Luigi Comencini, *La ragazza di Bube*

Abb. 14: Comencini, Luigi, *La ragazza di Bube*, Italien / Frankreich 1963, 00:09:31

Abb. 15: Ebd., 00:57:09

Abb. 16: Ebd., 01:05:33

Abb. 17: Ebd., 01:21:49

Abb. 18: Ebd., 01:24:40

Abb. 19: Ebd., 01:28:21

Abb. 20: Ebd., 01:28:19

Abb. 21: Ebd., 01:45:26

Abb. 22: Ebd., 01:02:57

***ibidem*-Verlag**
Melchiorstr. 15
D-70439 Stuttgart
info@ibidem-verlag.de
www.ibidem-verlag.de
www.edition-noema.de
www.autorenbetreuung.de

Zeitfracht Medien GmbH
Ferdinand-Jühlke-Straße 7
99095 Erfurt, Deutschland
produktsicherheit@kolibri360.de